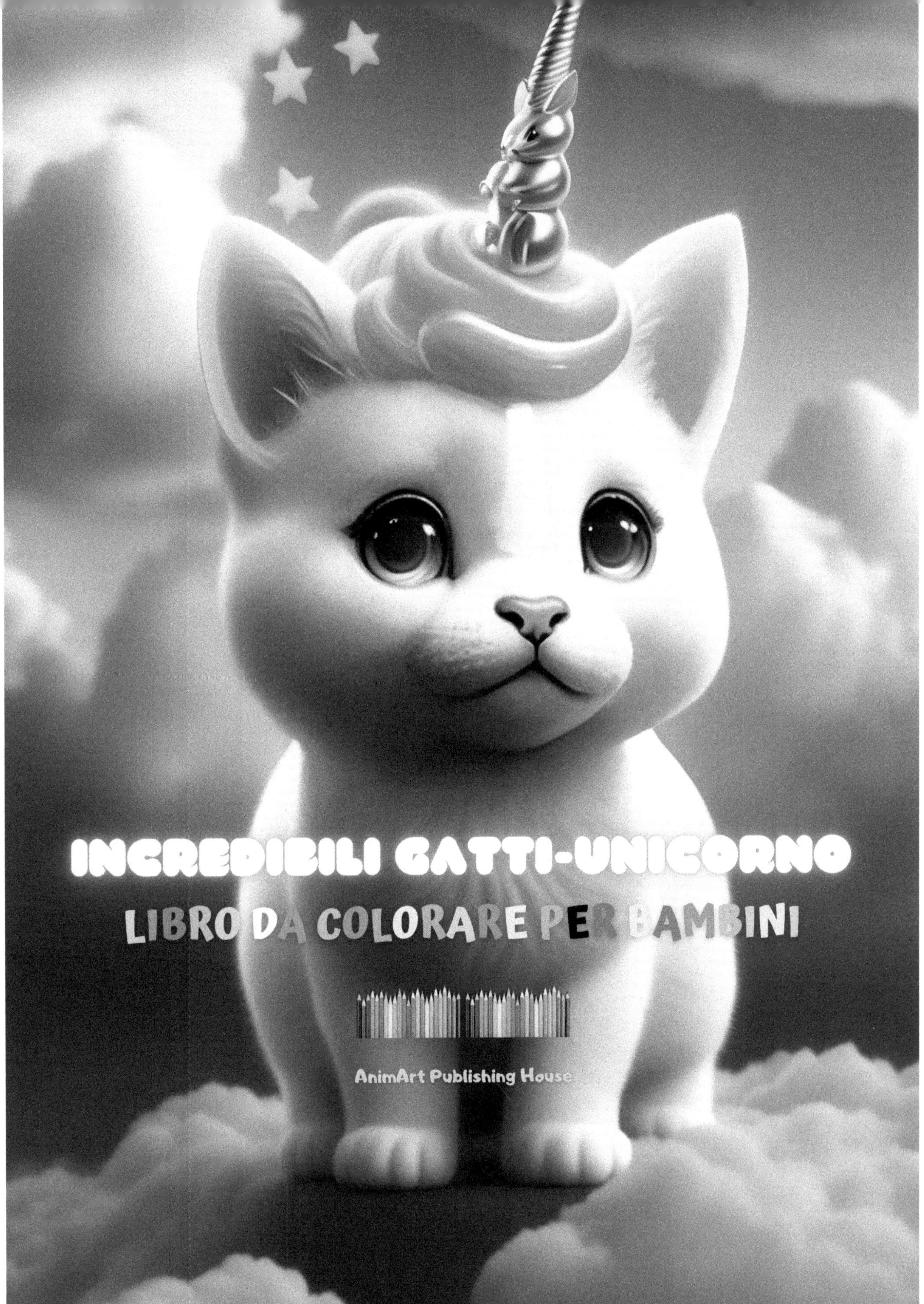
INCREDIBILI GATTI-UNICORNO
LIBRO DA COLORARE PER BAMBINI
AnimArt Publishing House

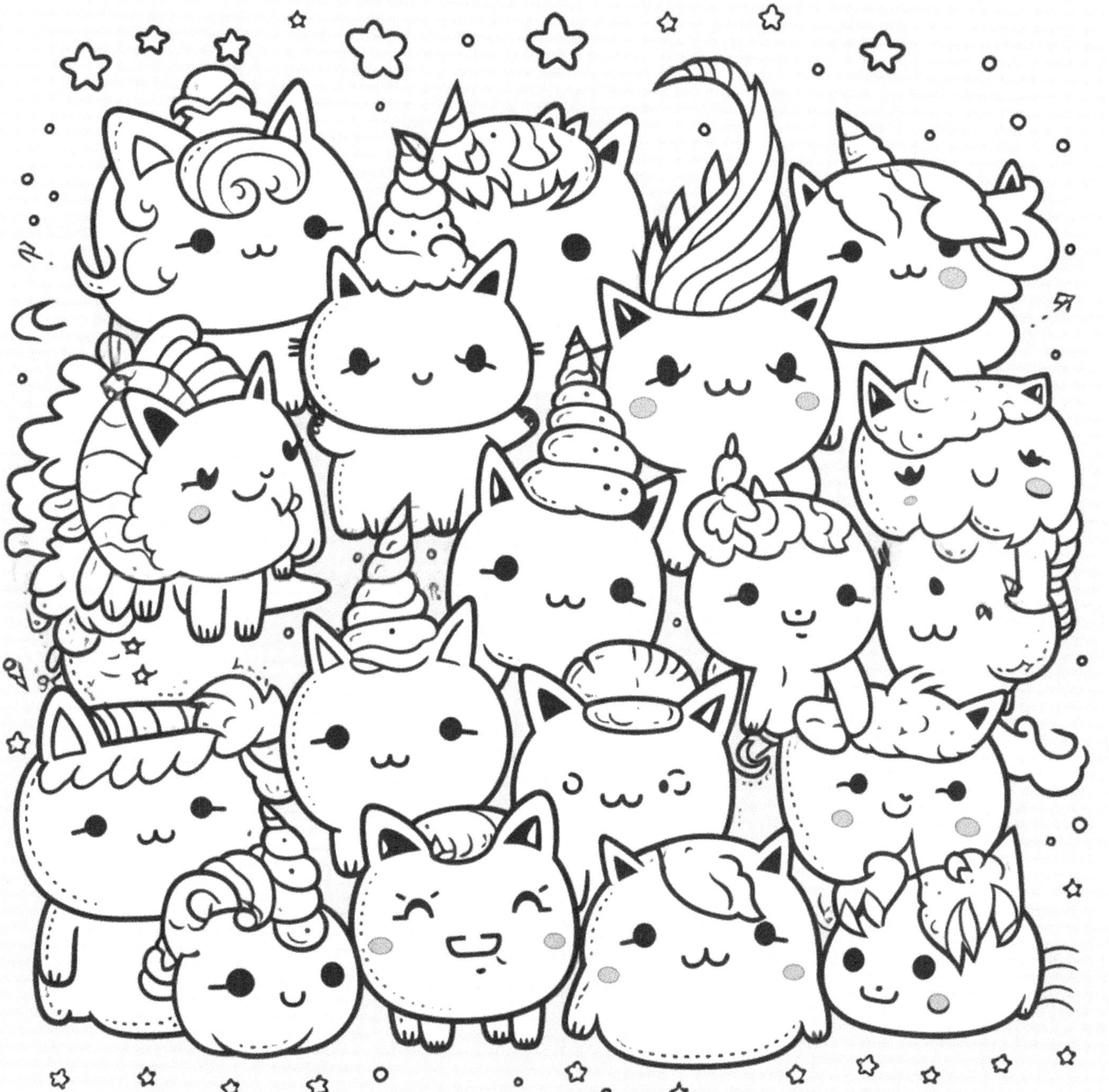

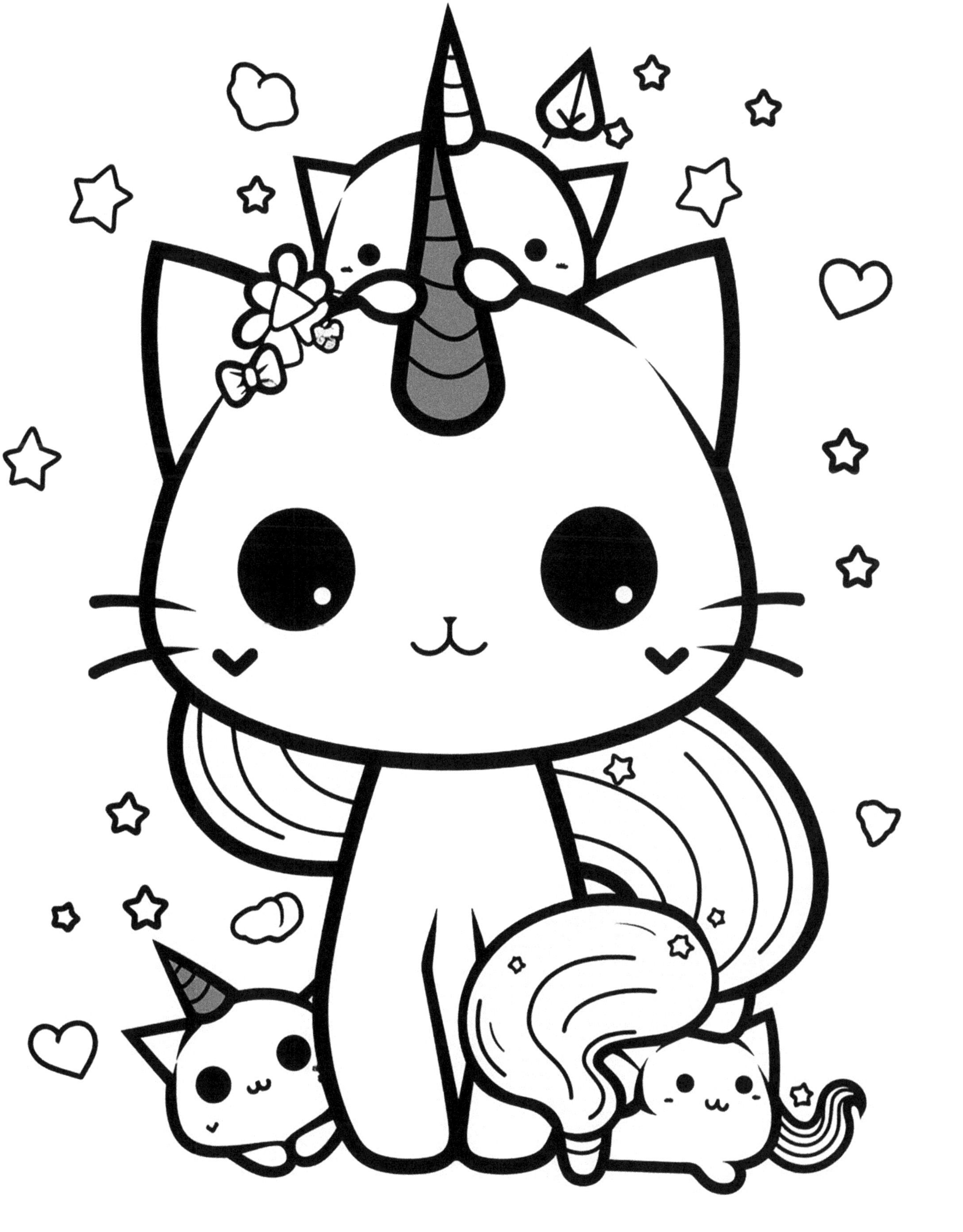

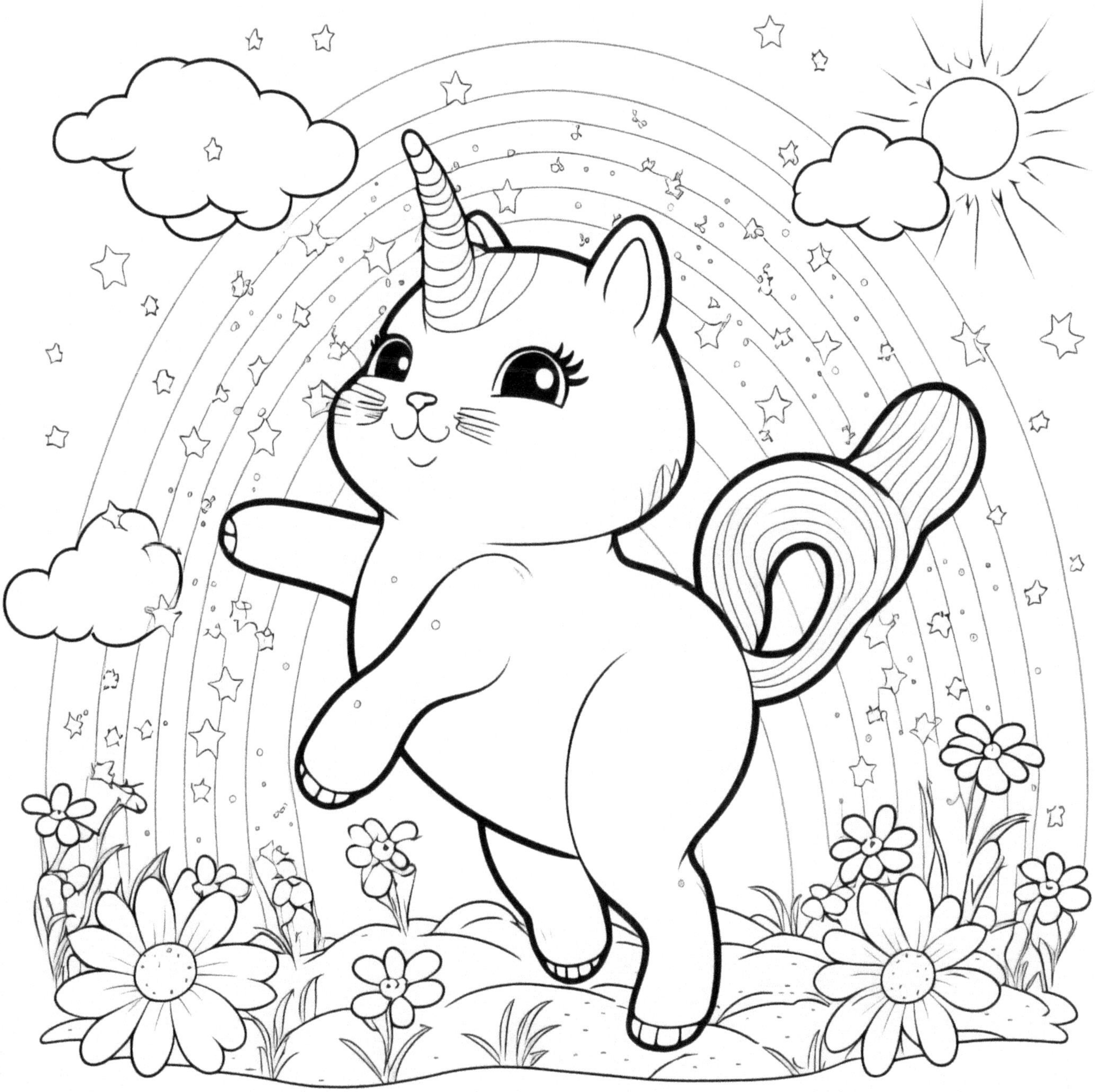

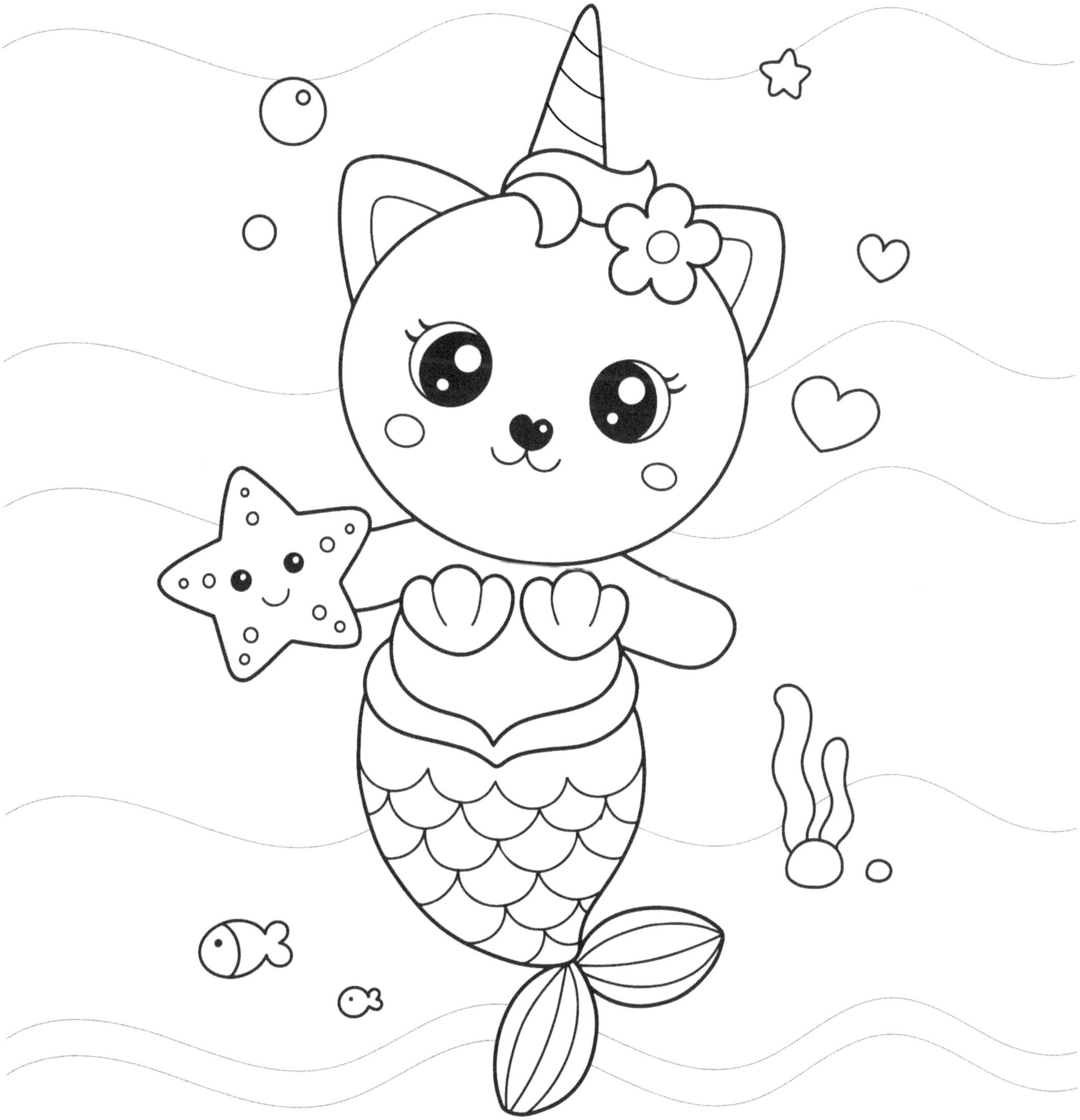

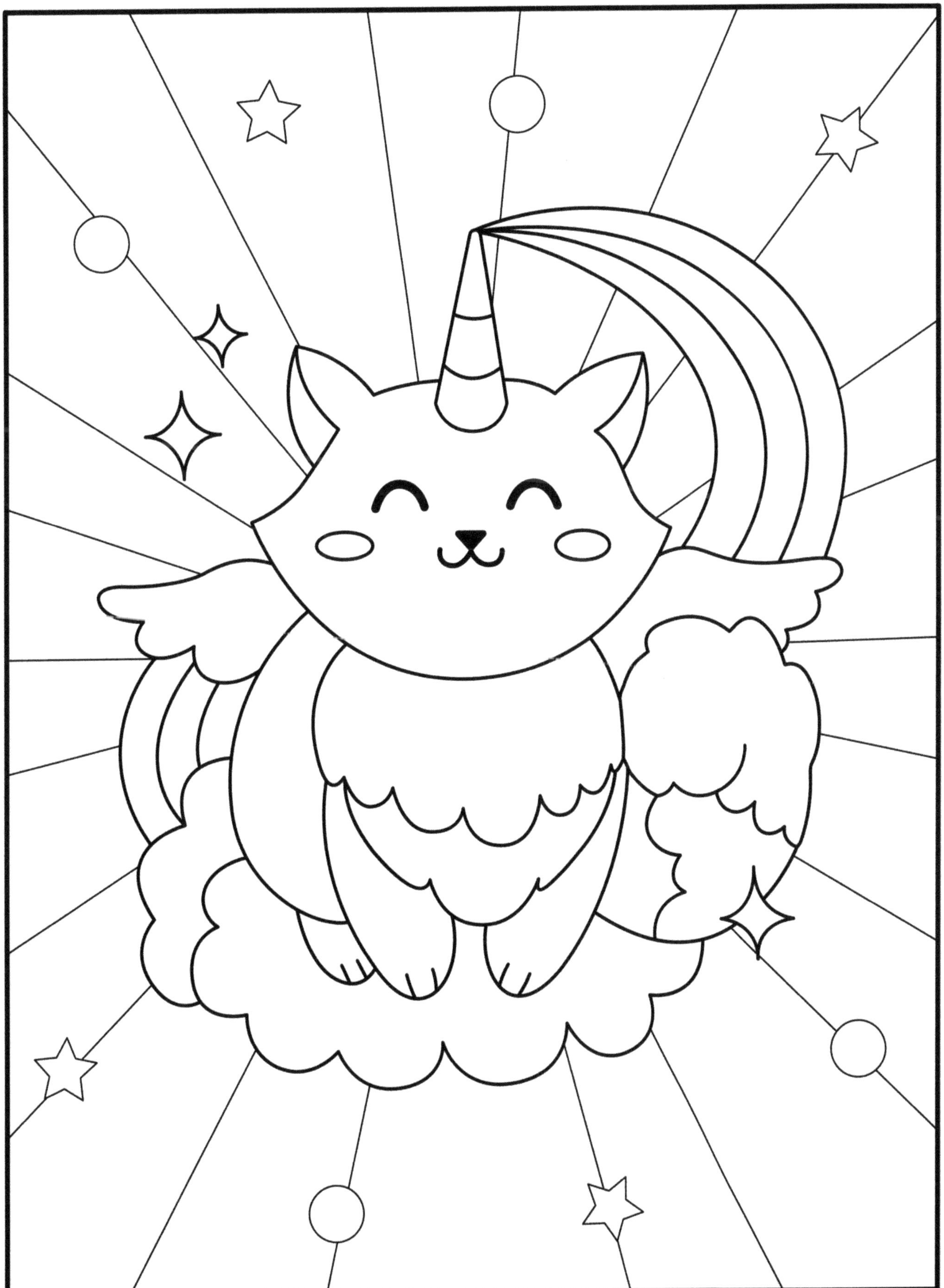

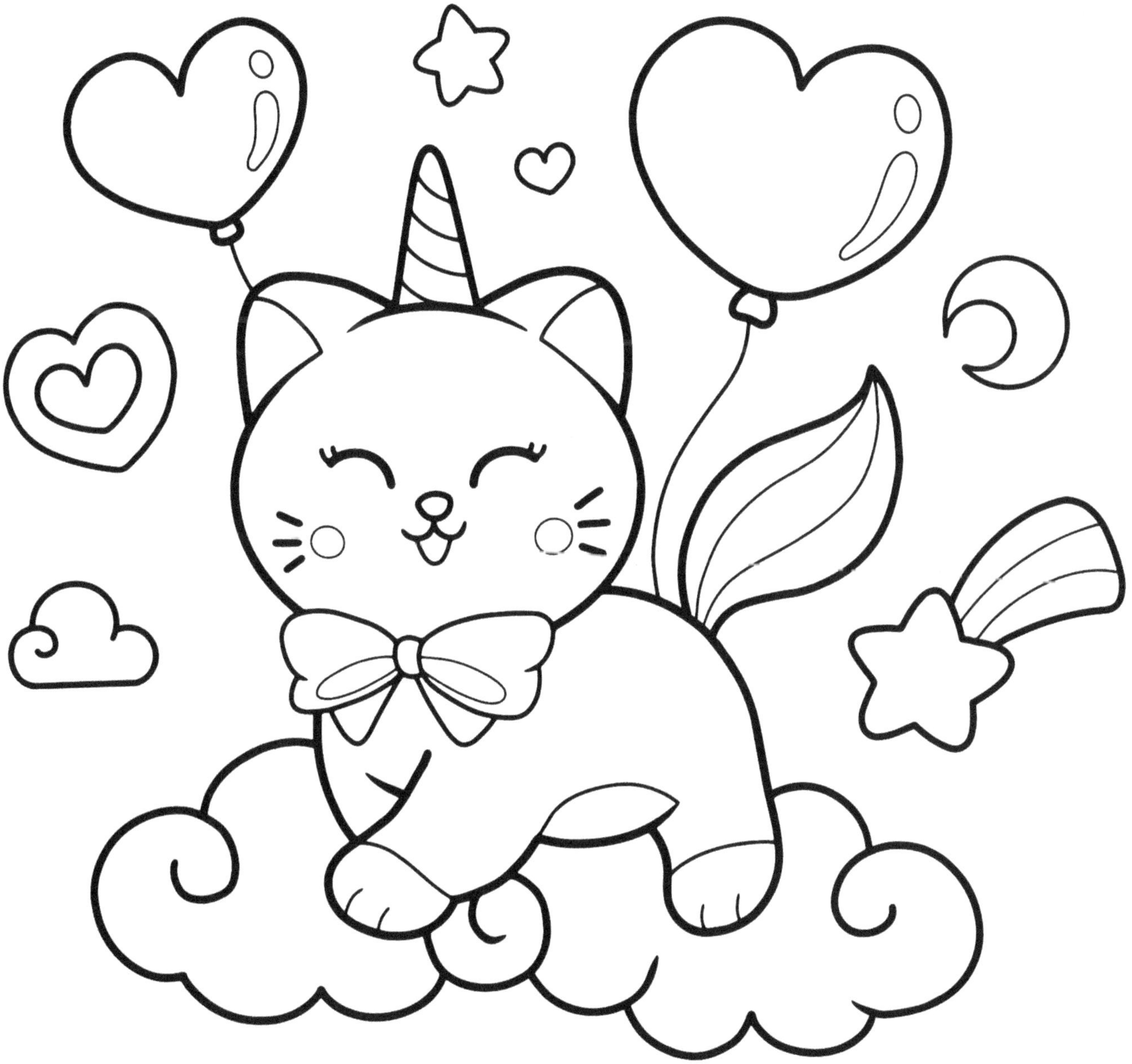

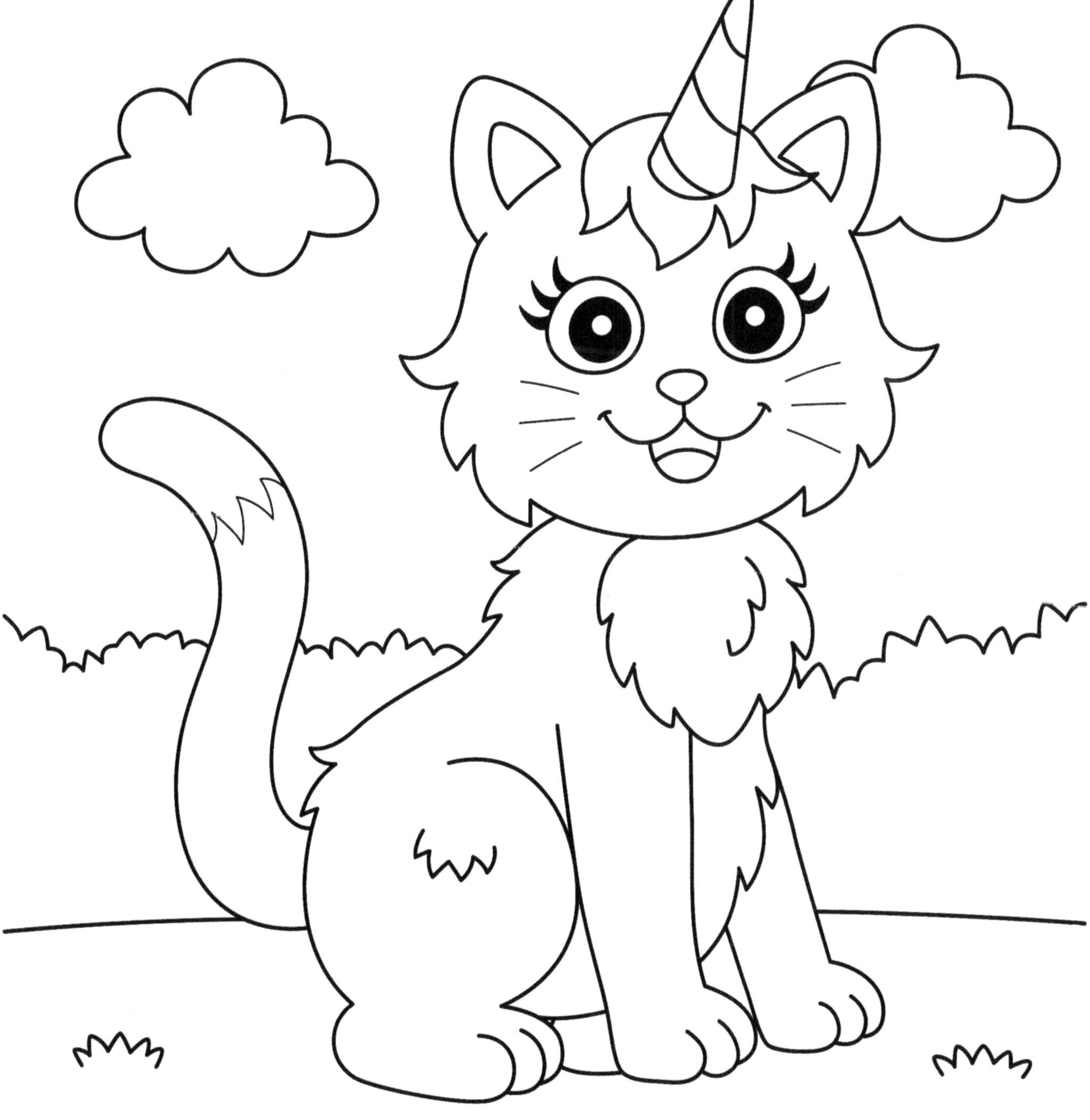

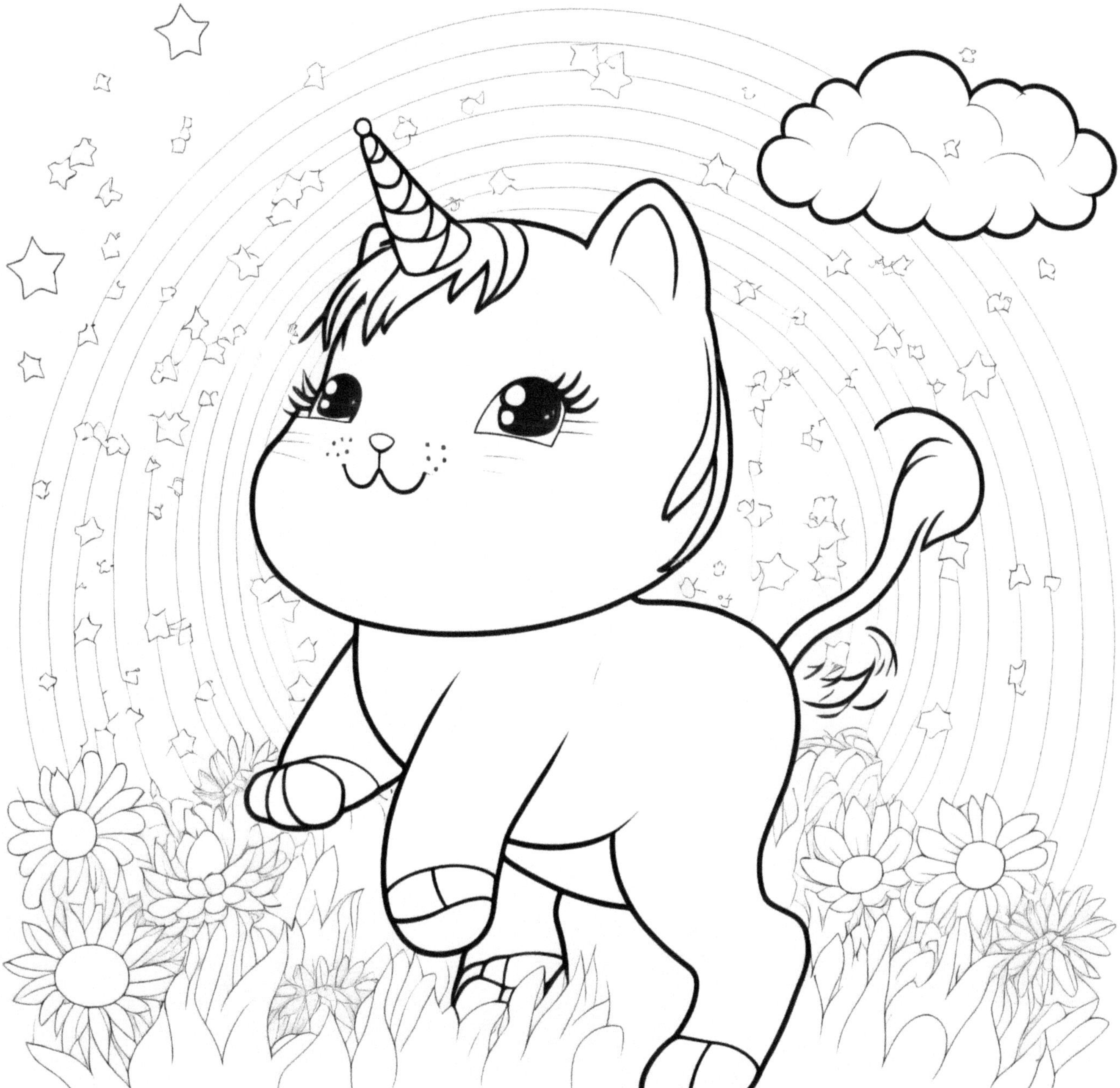

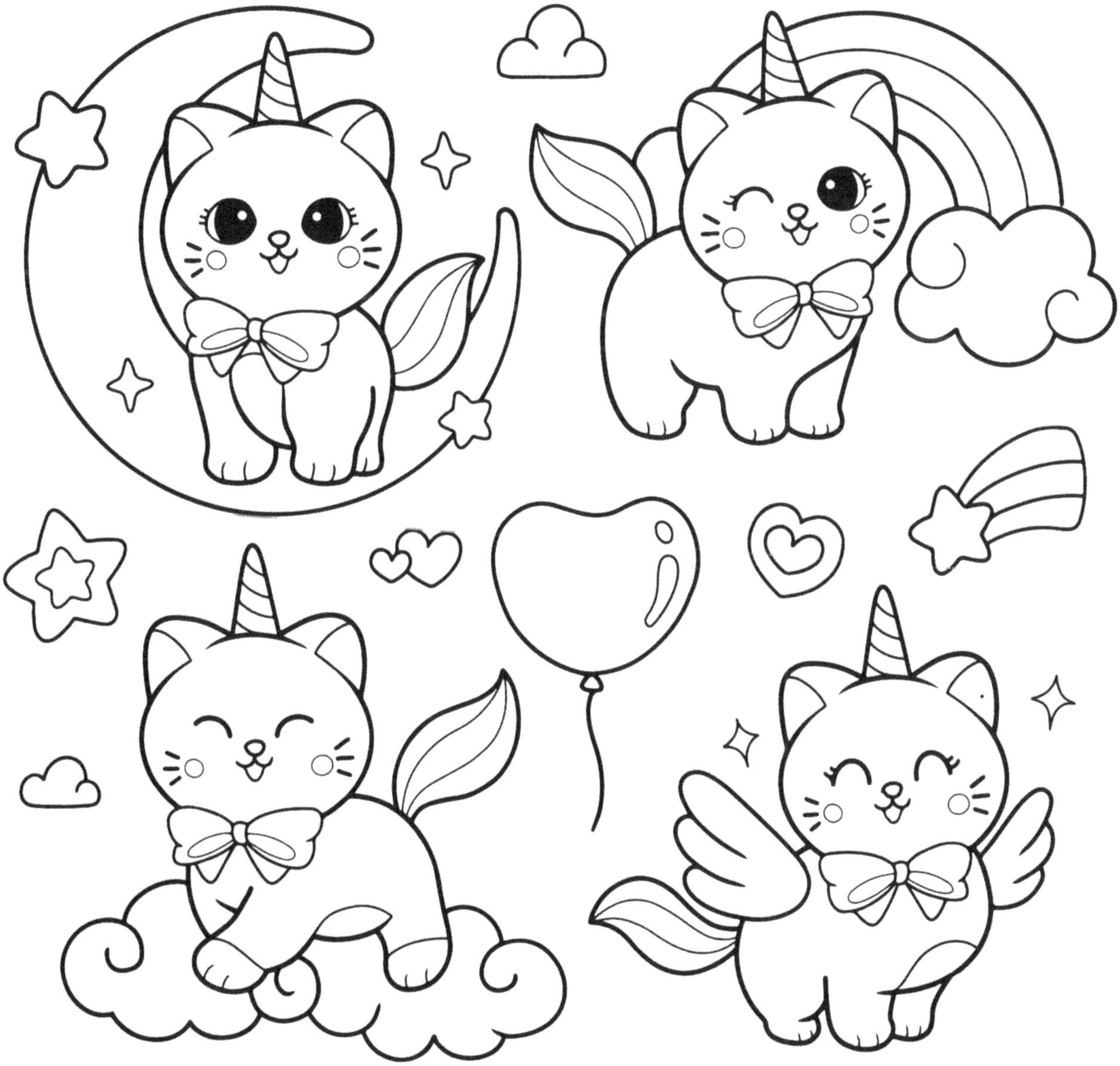

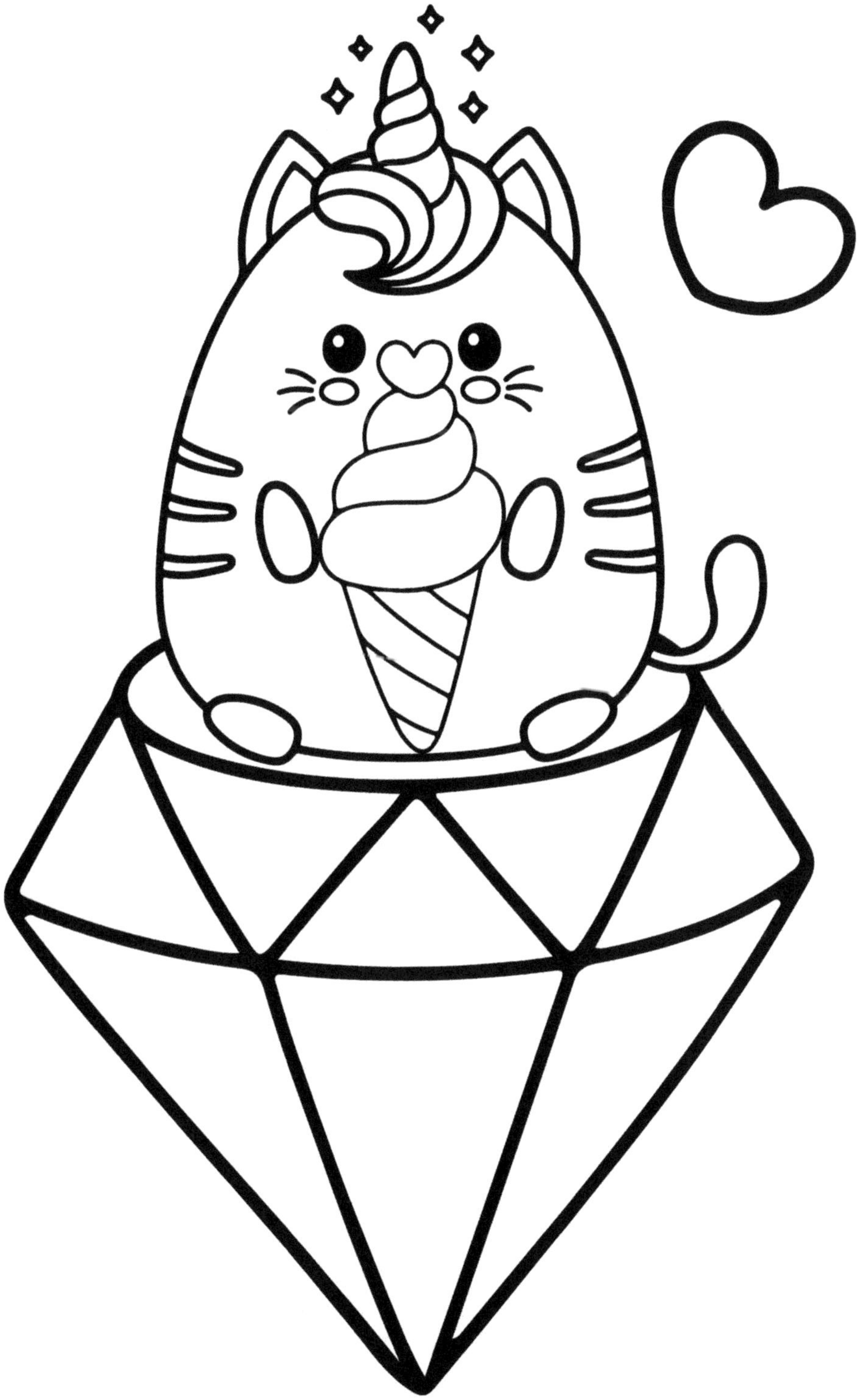

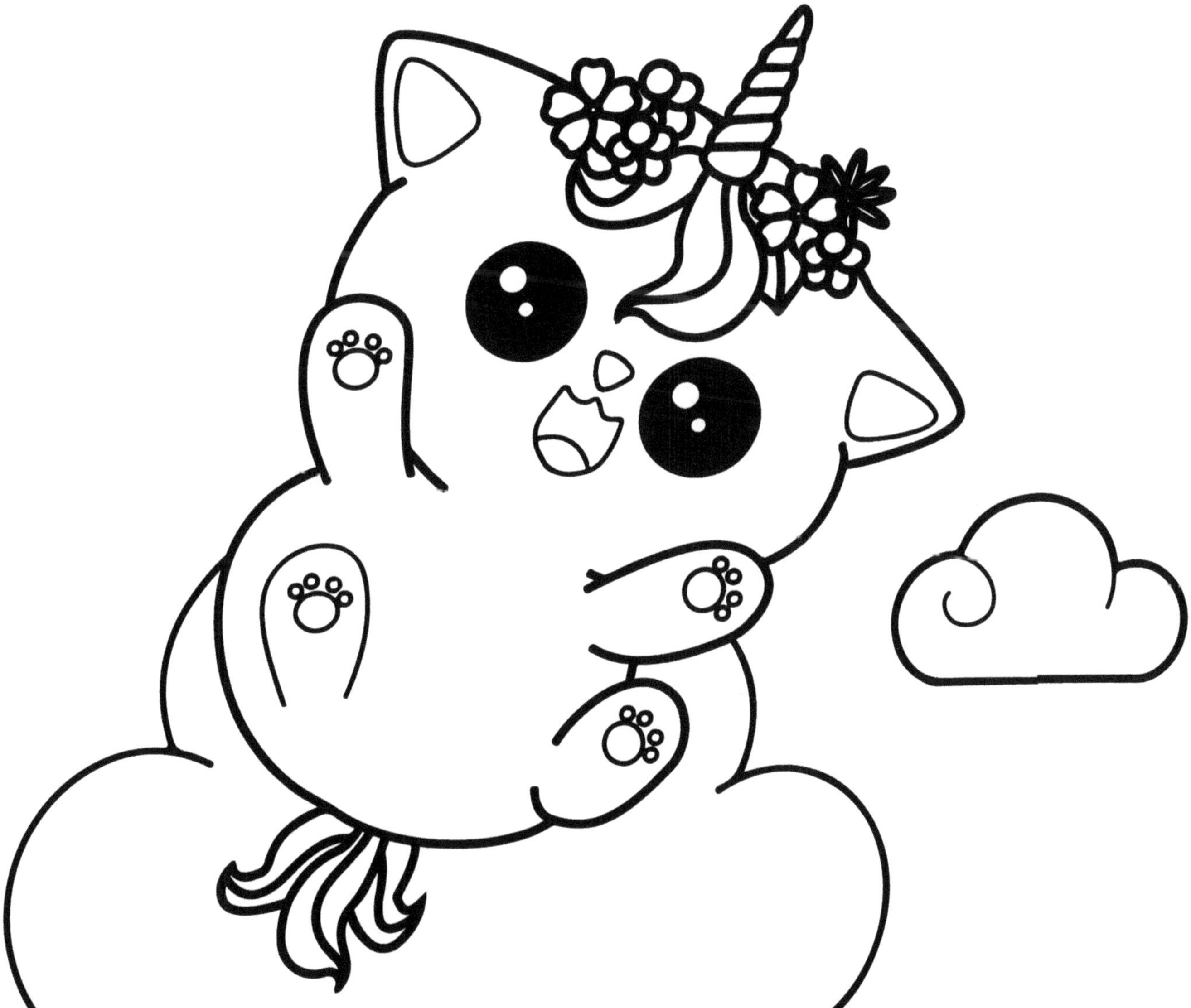

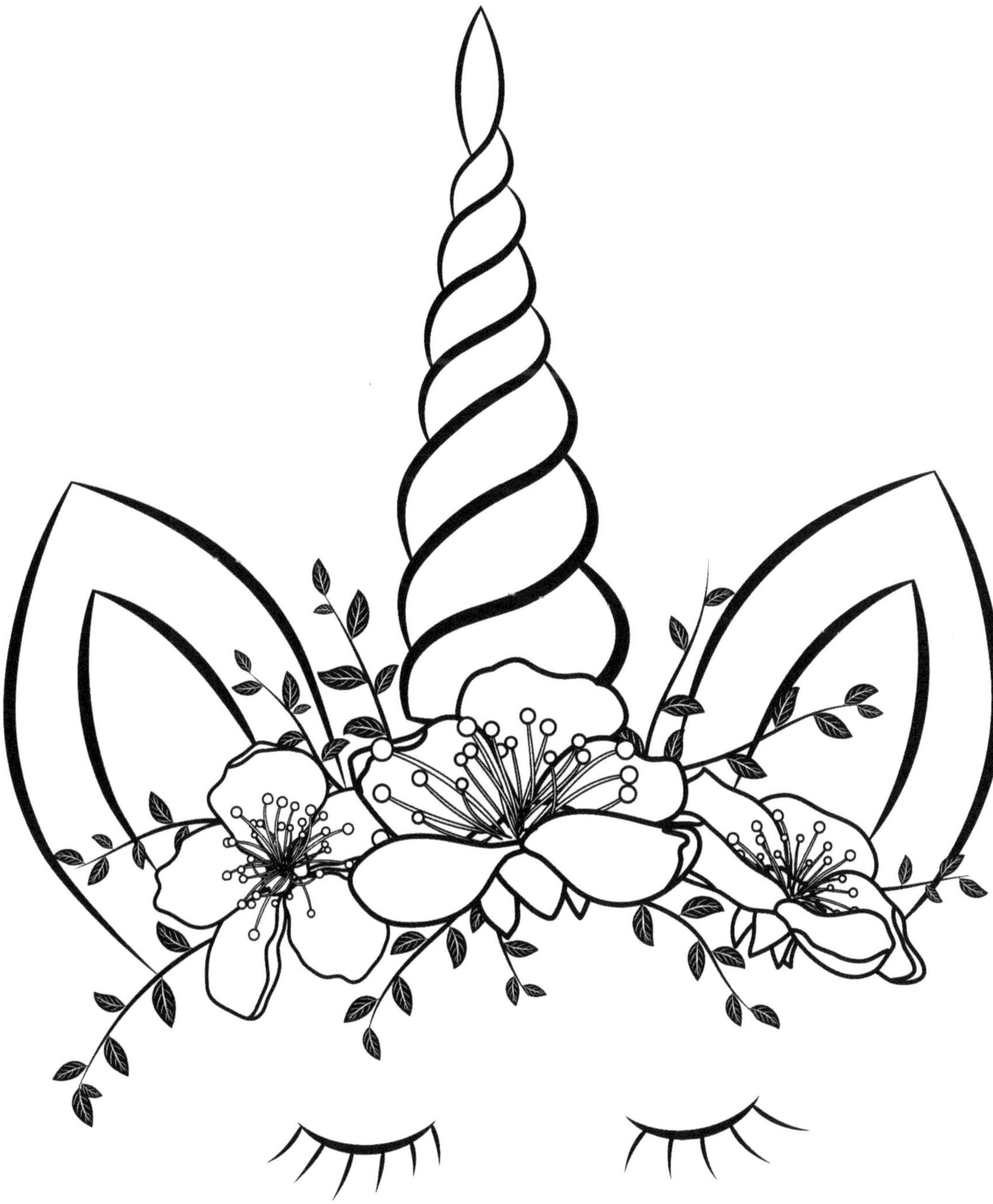

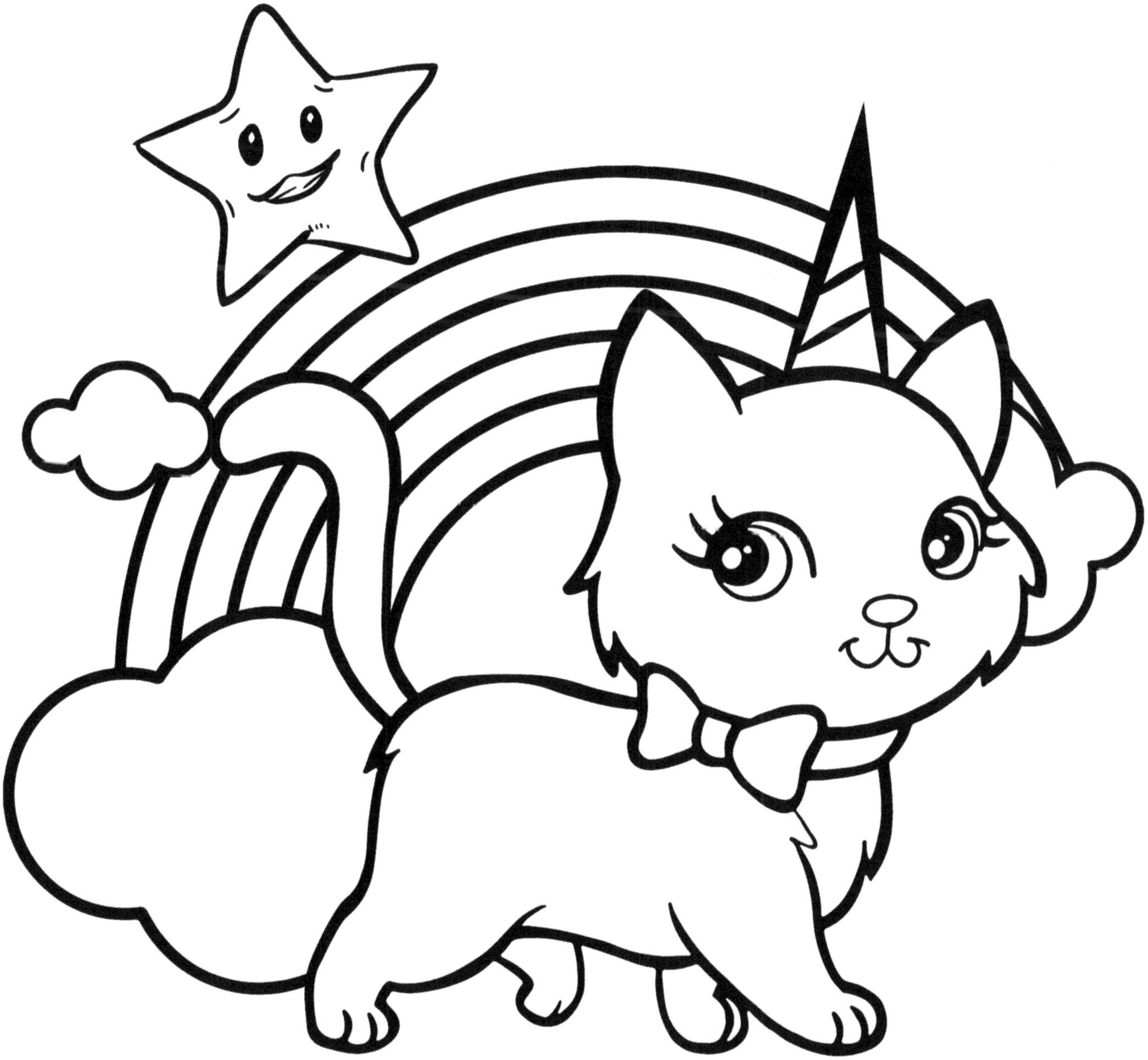

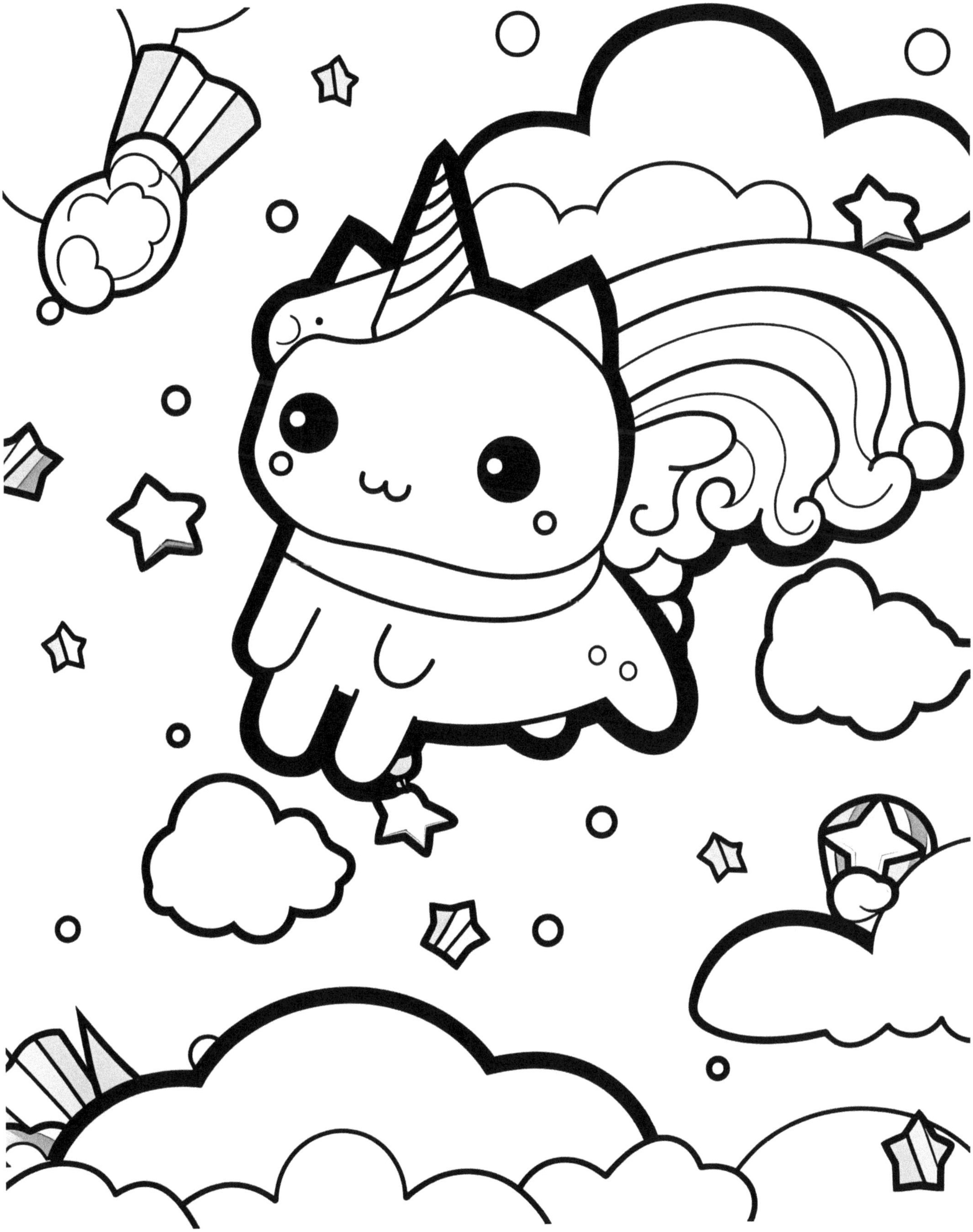

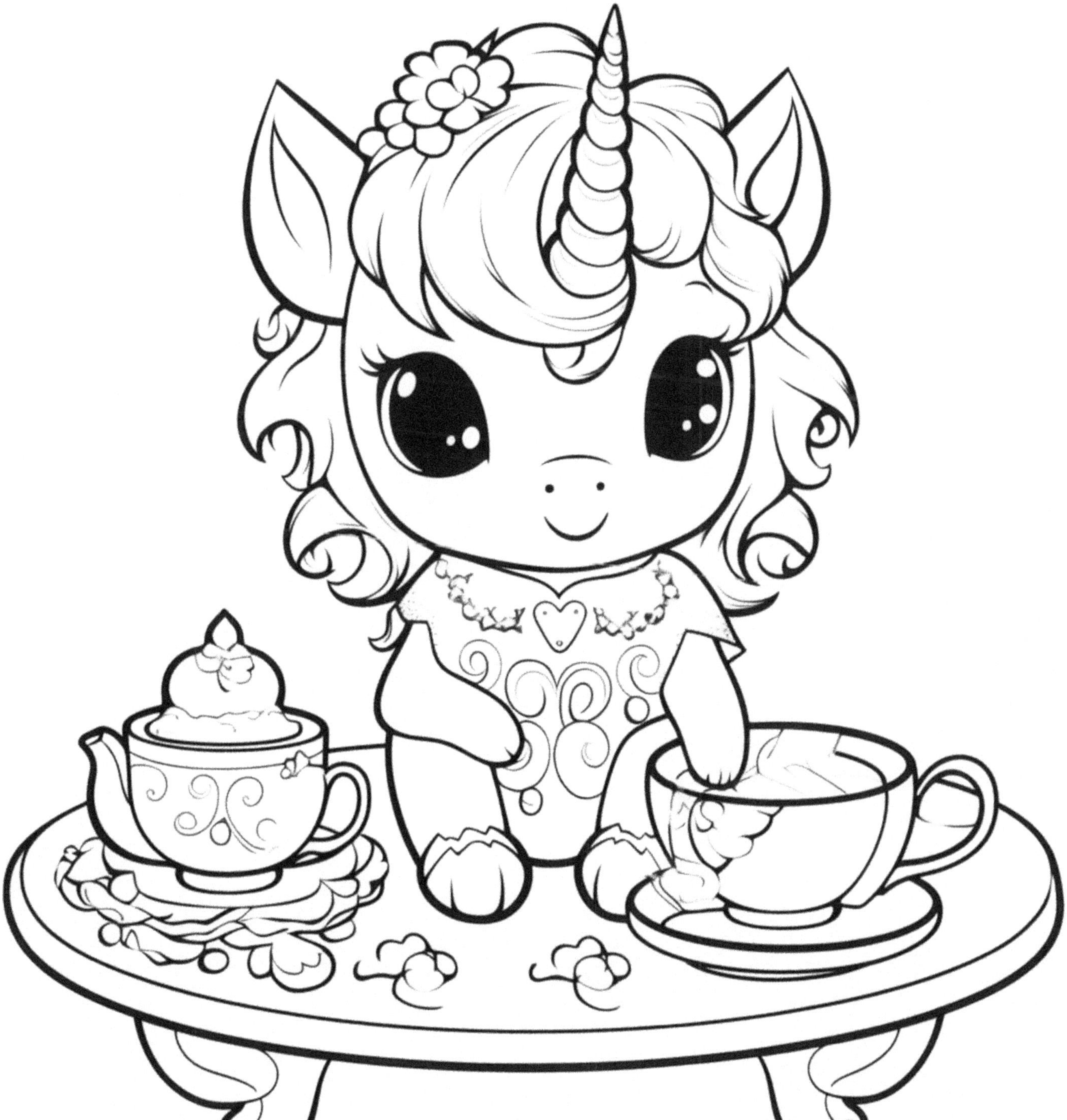

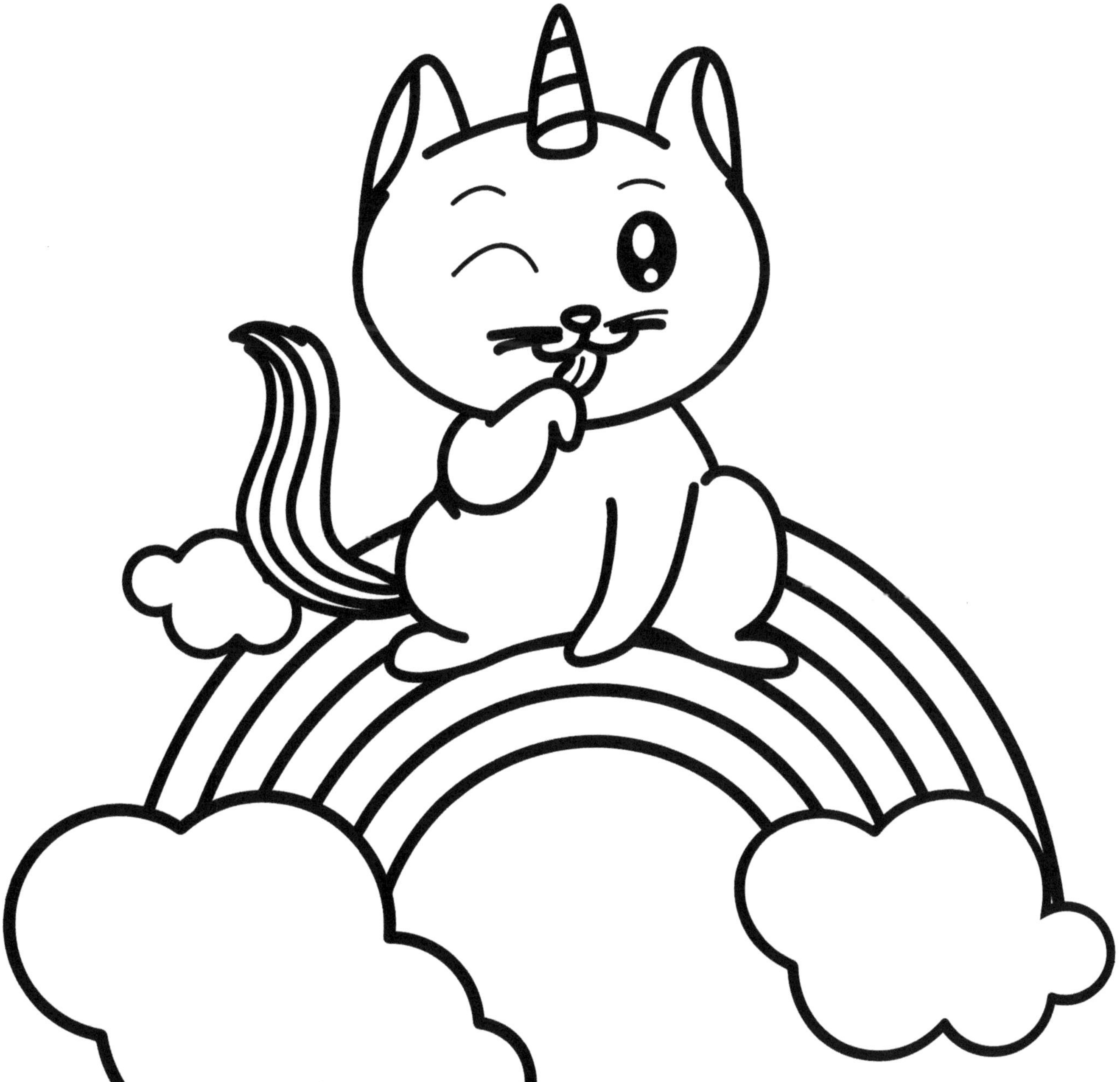

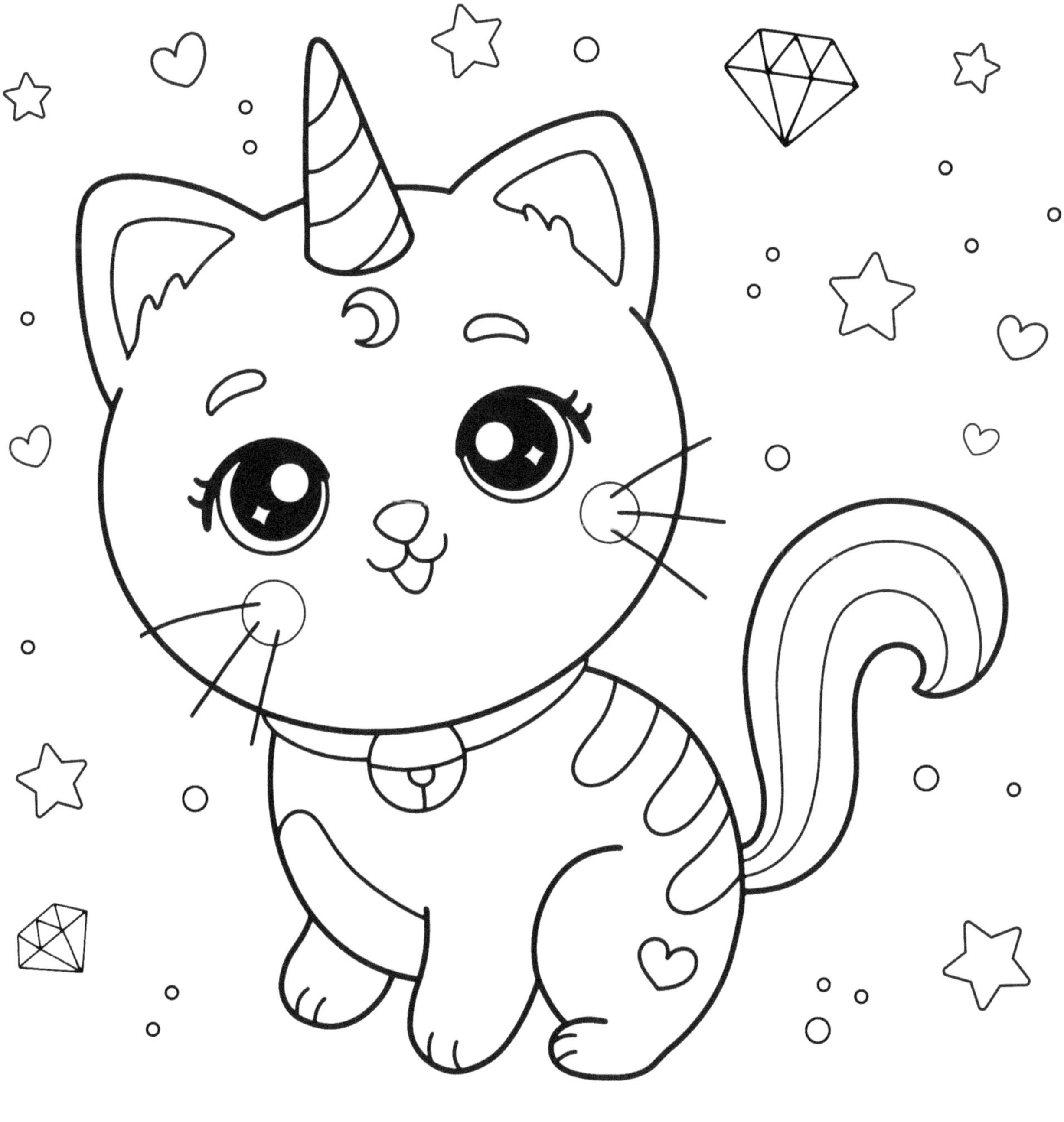

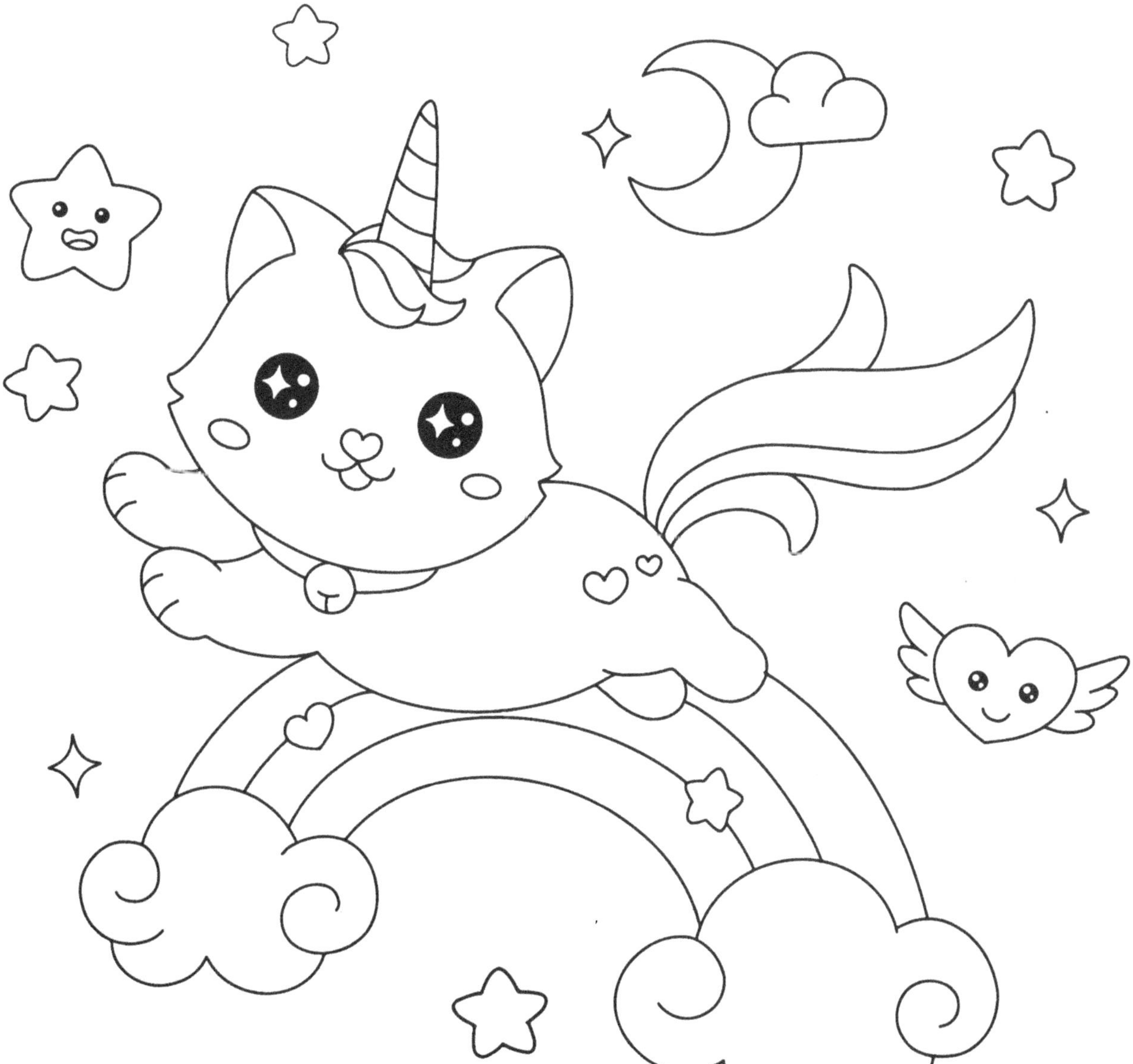

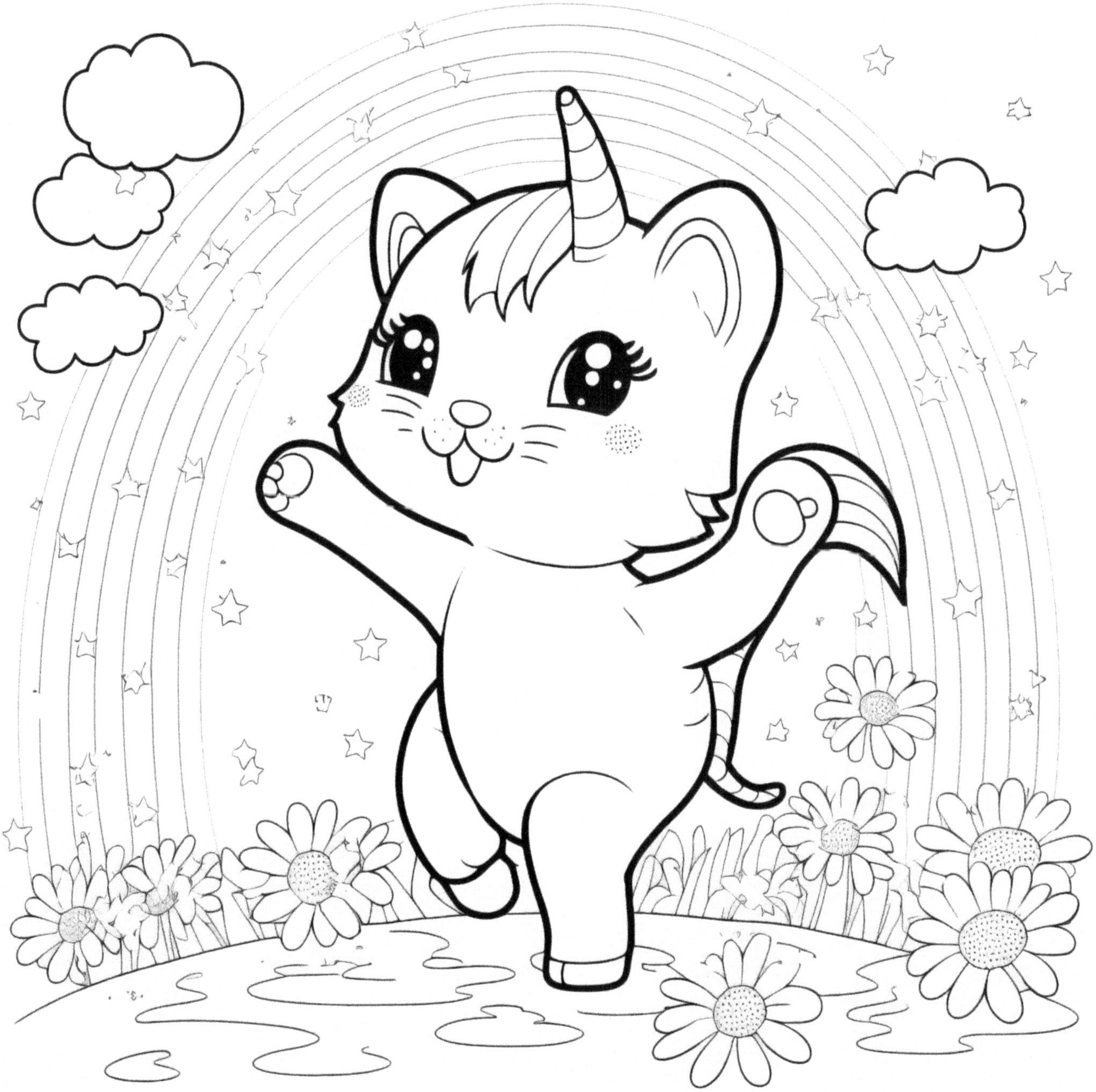

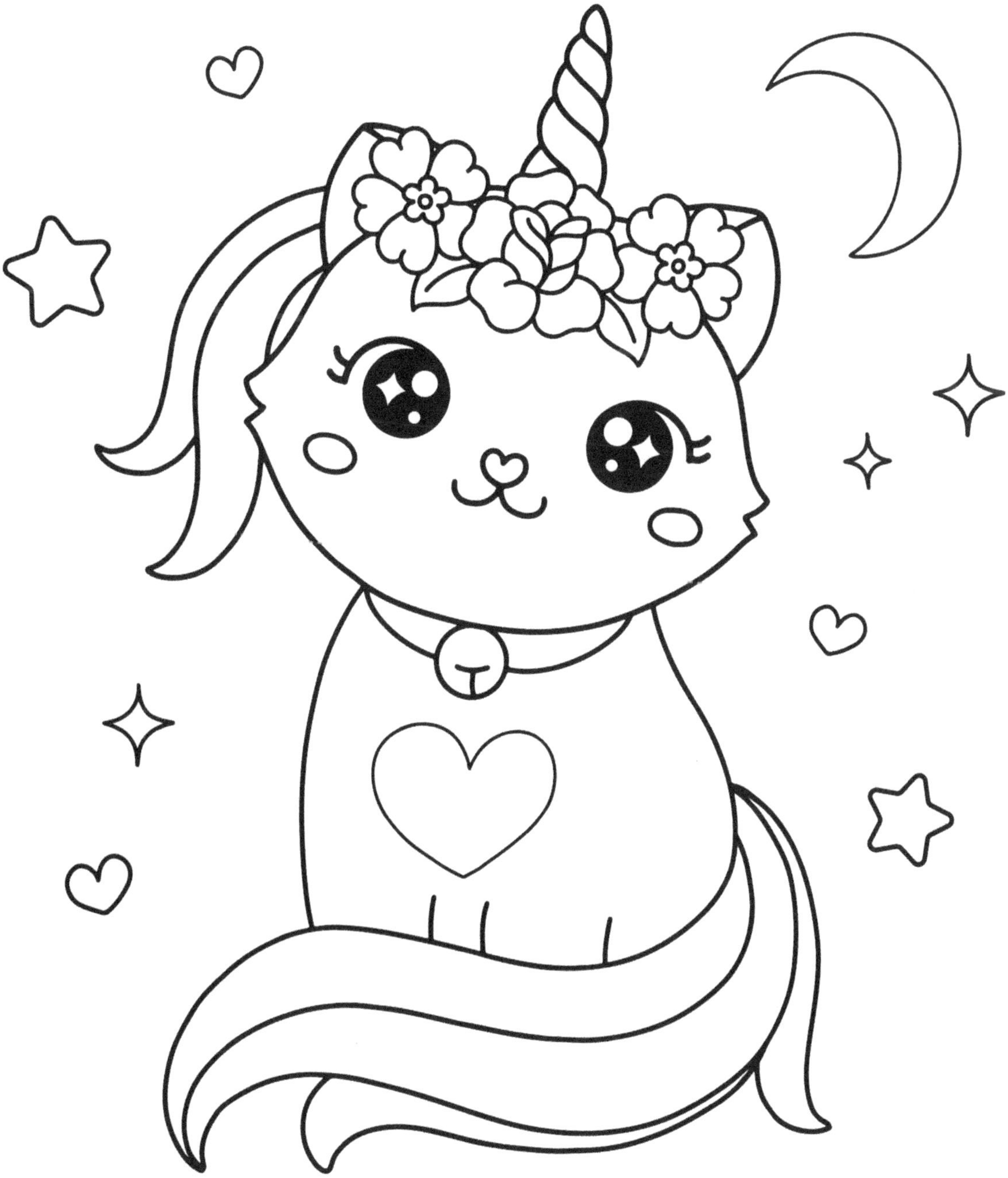

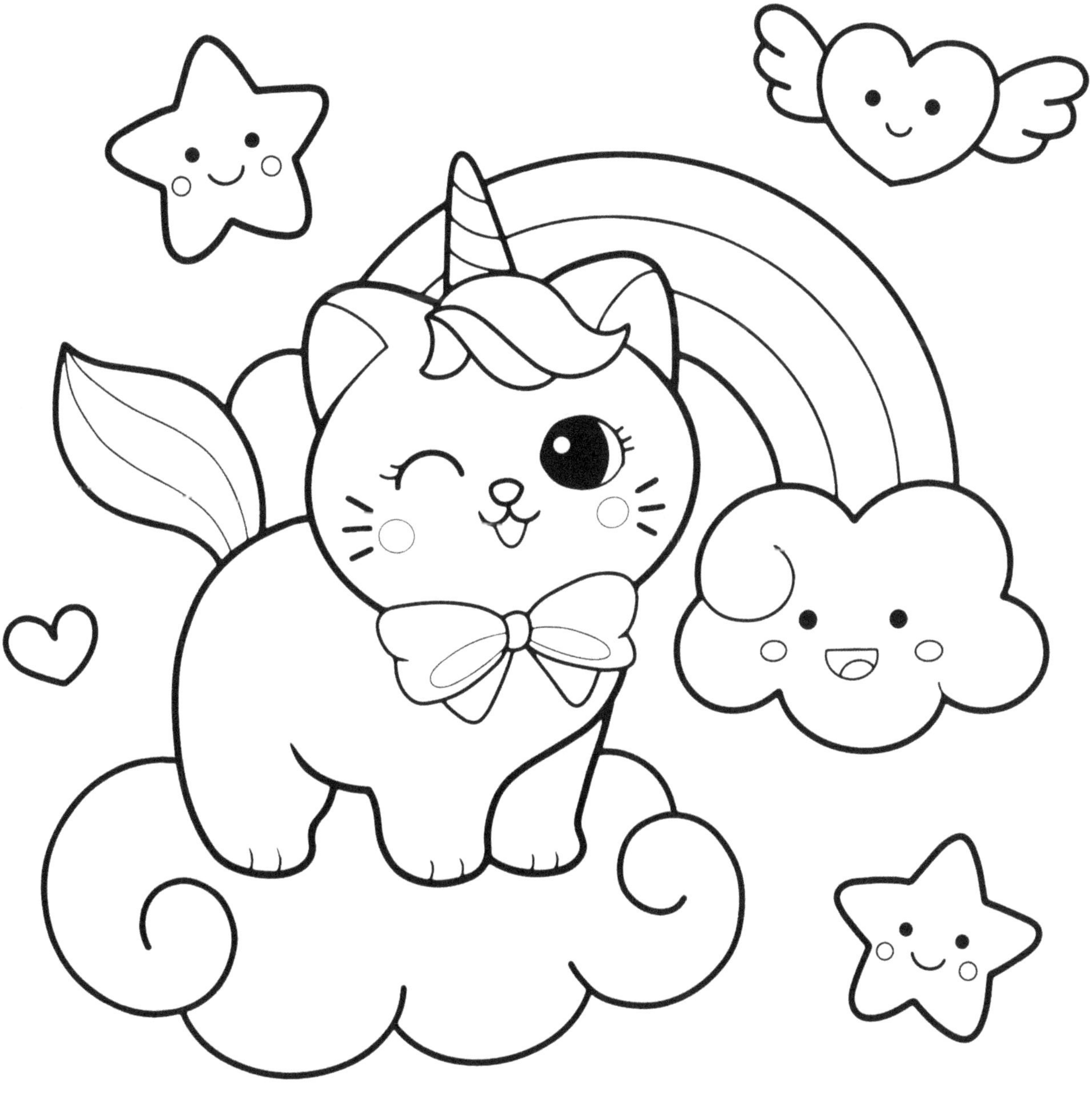

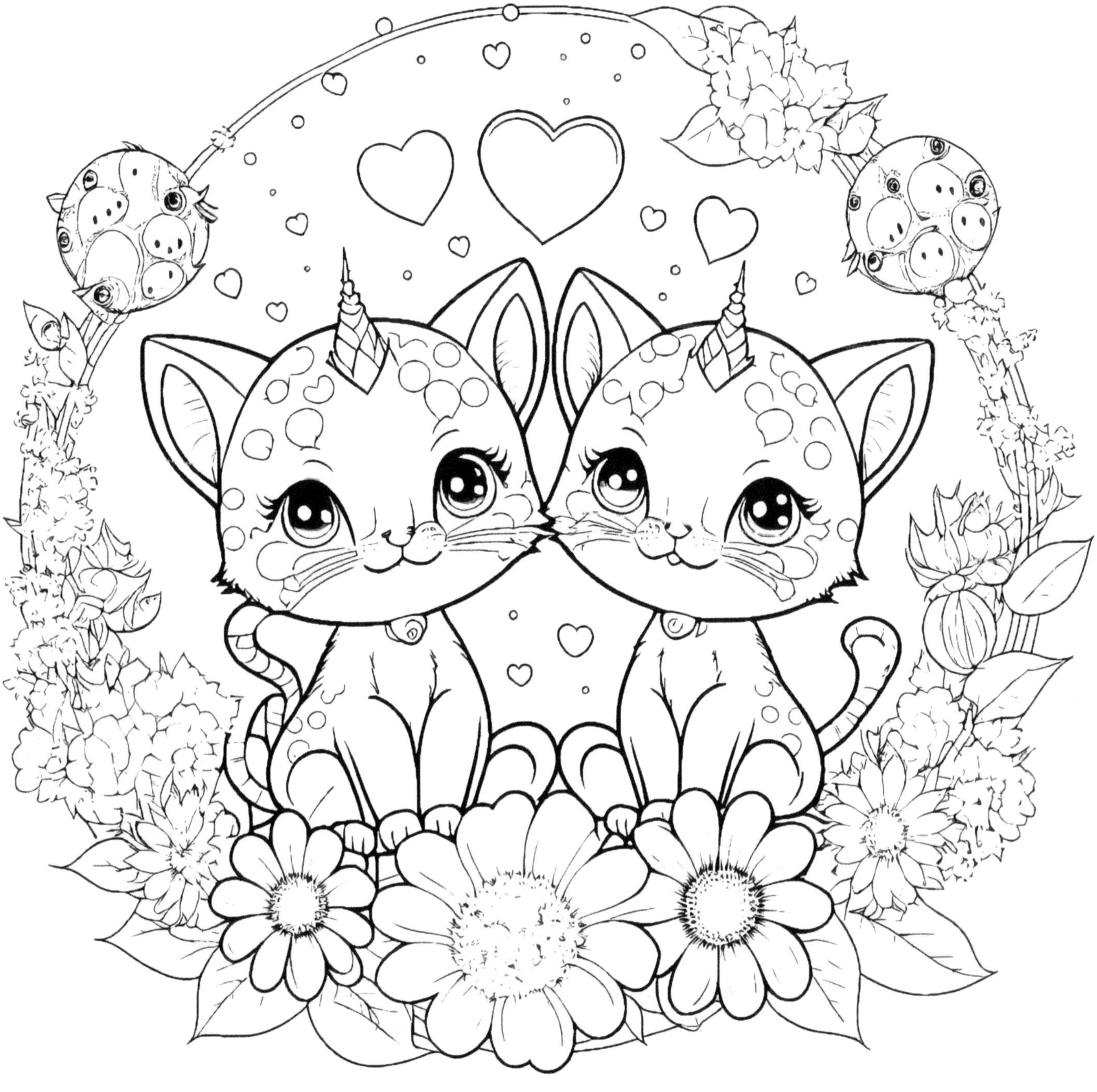

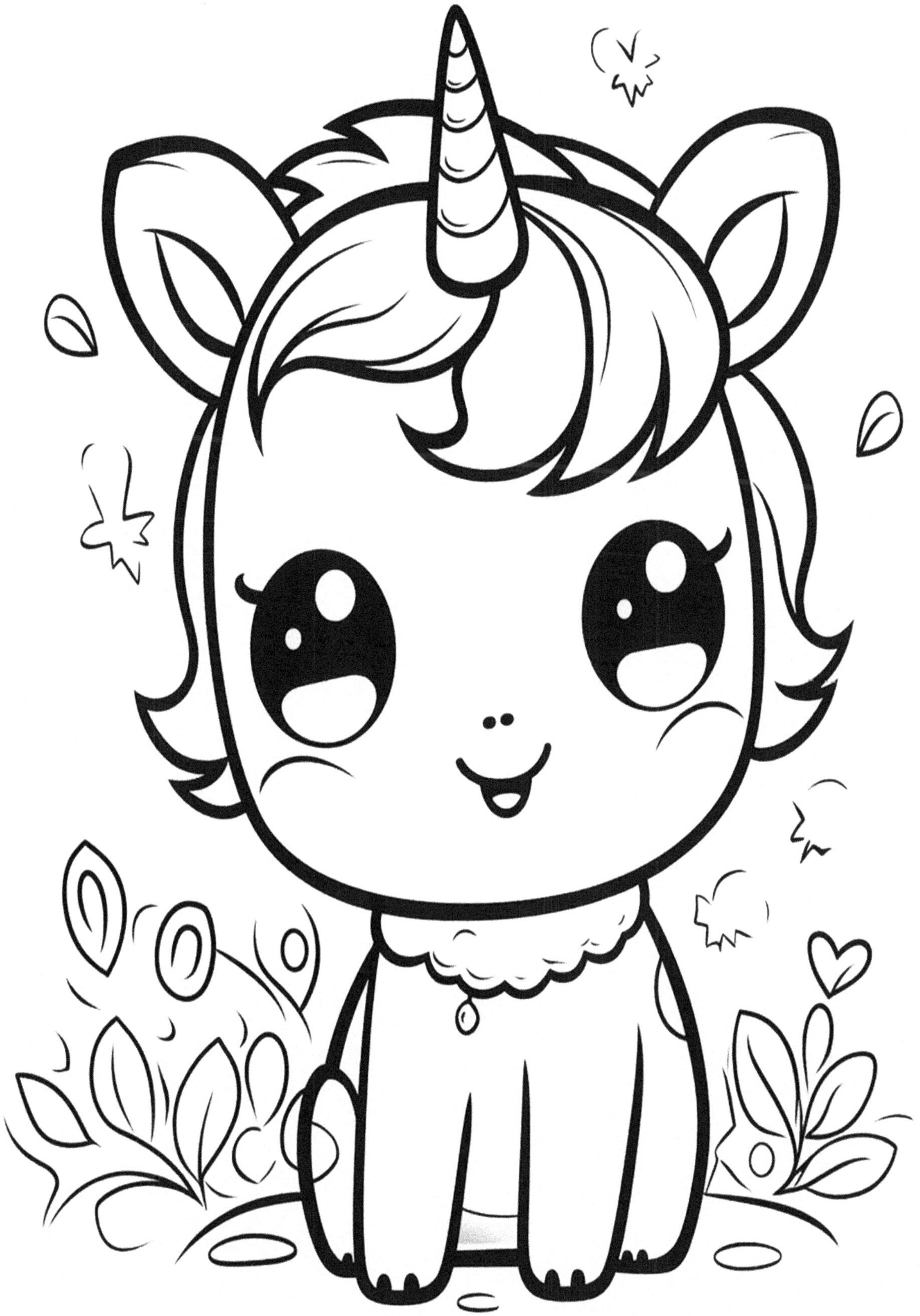

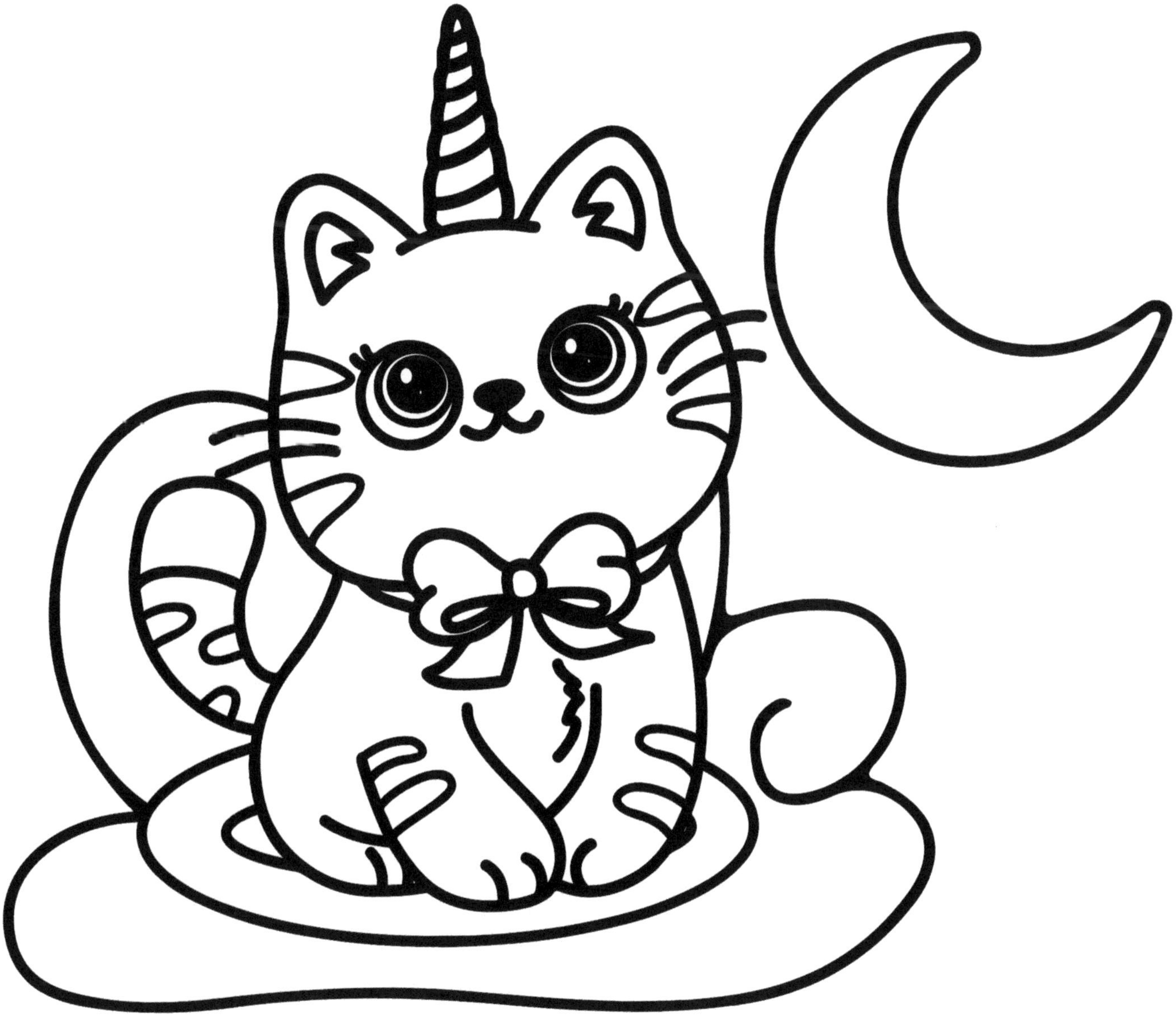

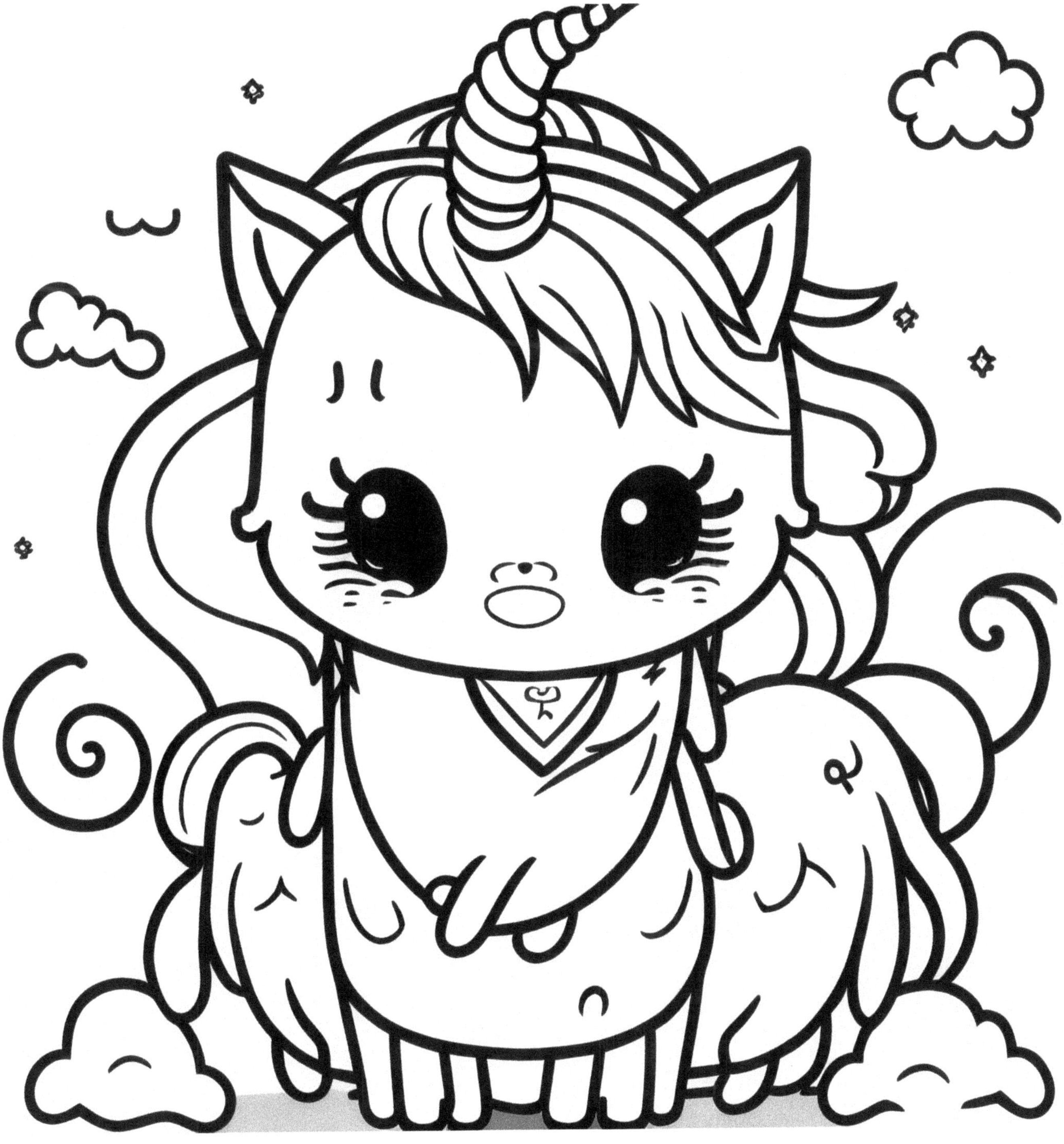

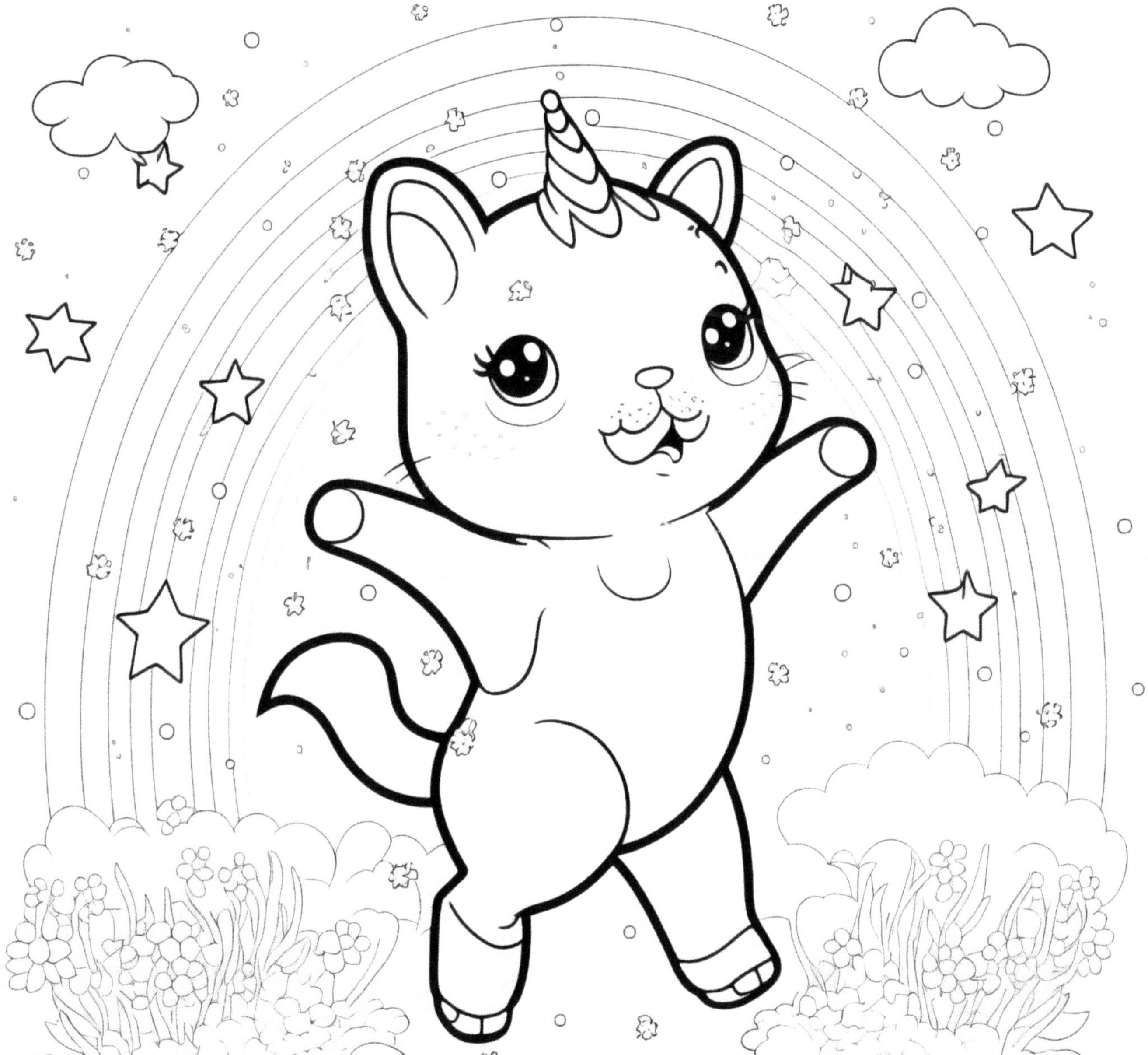

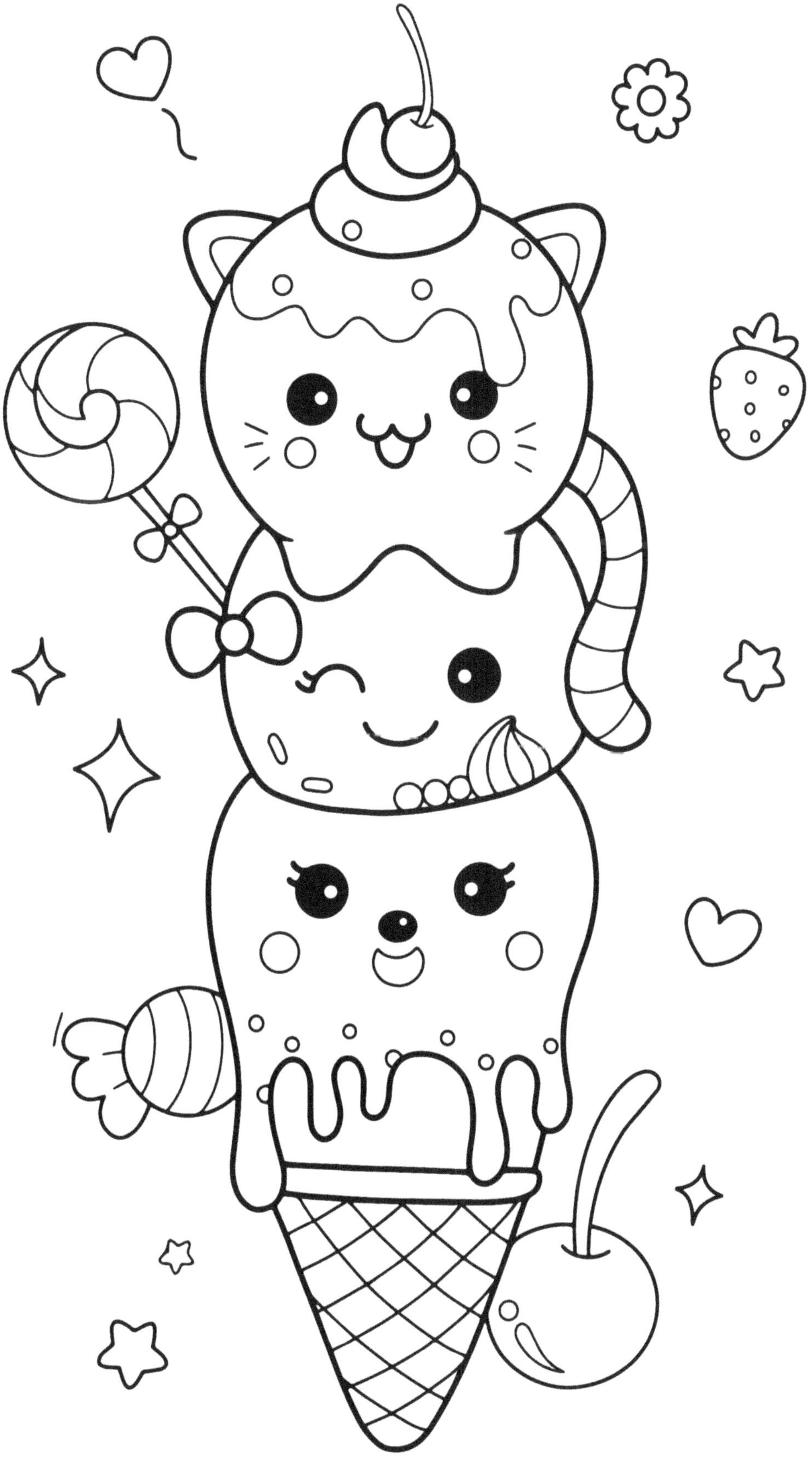

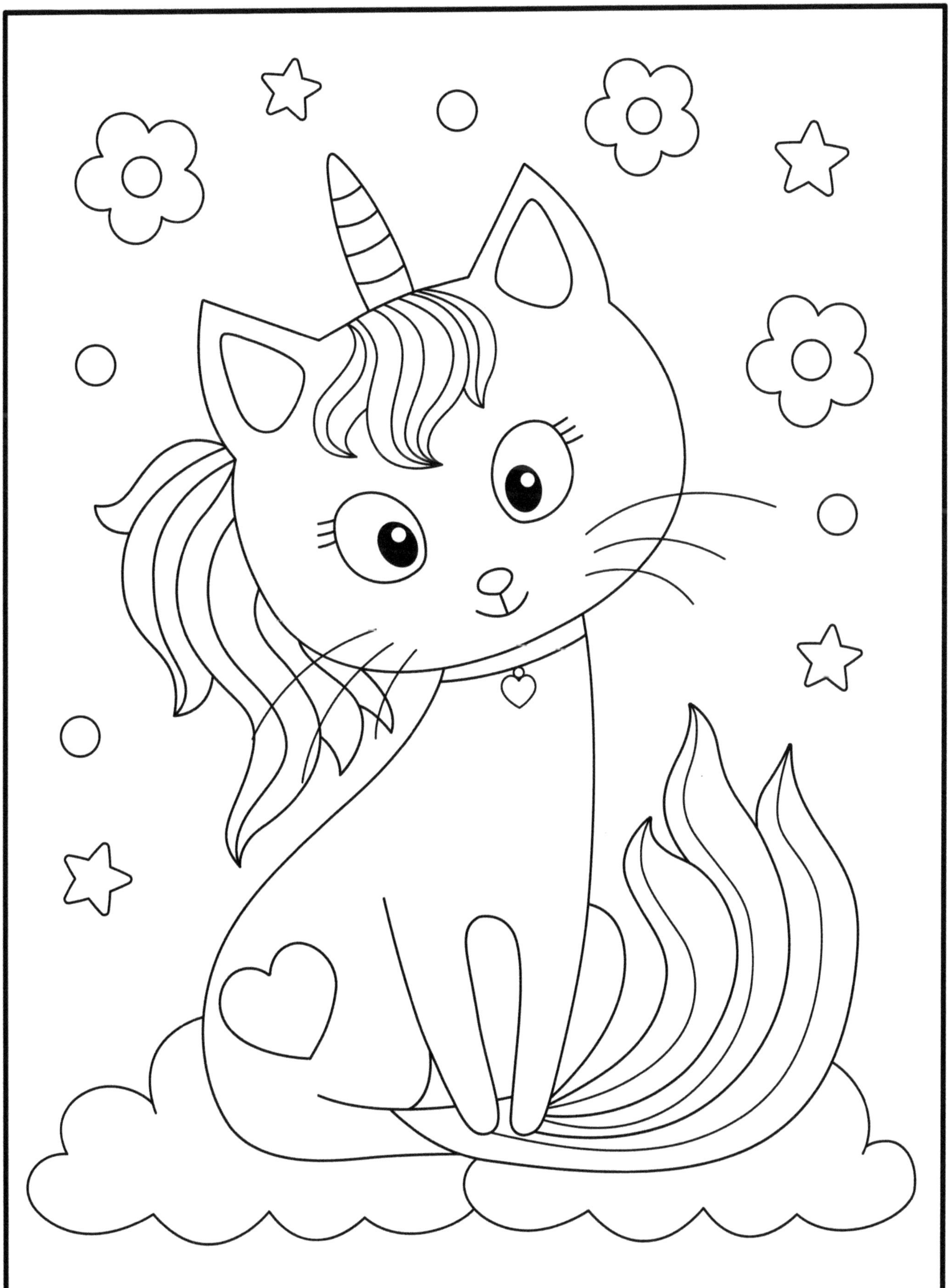

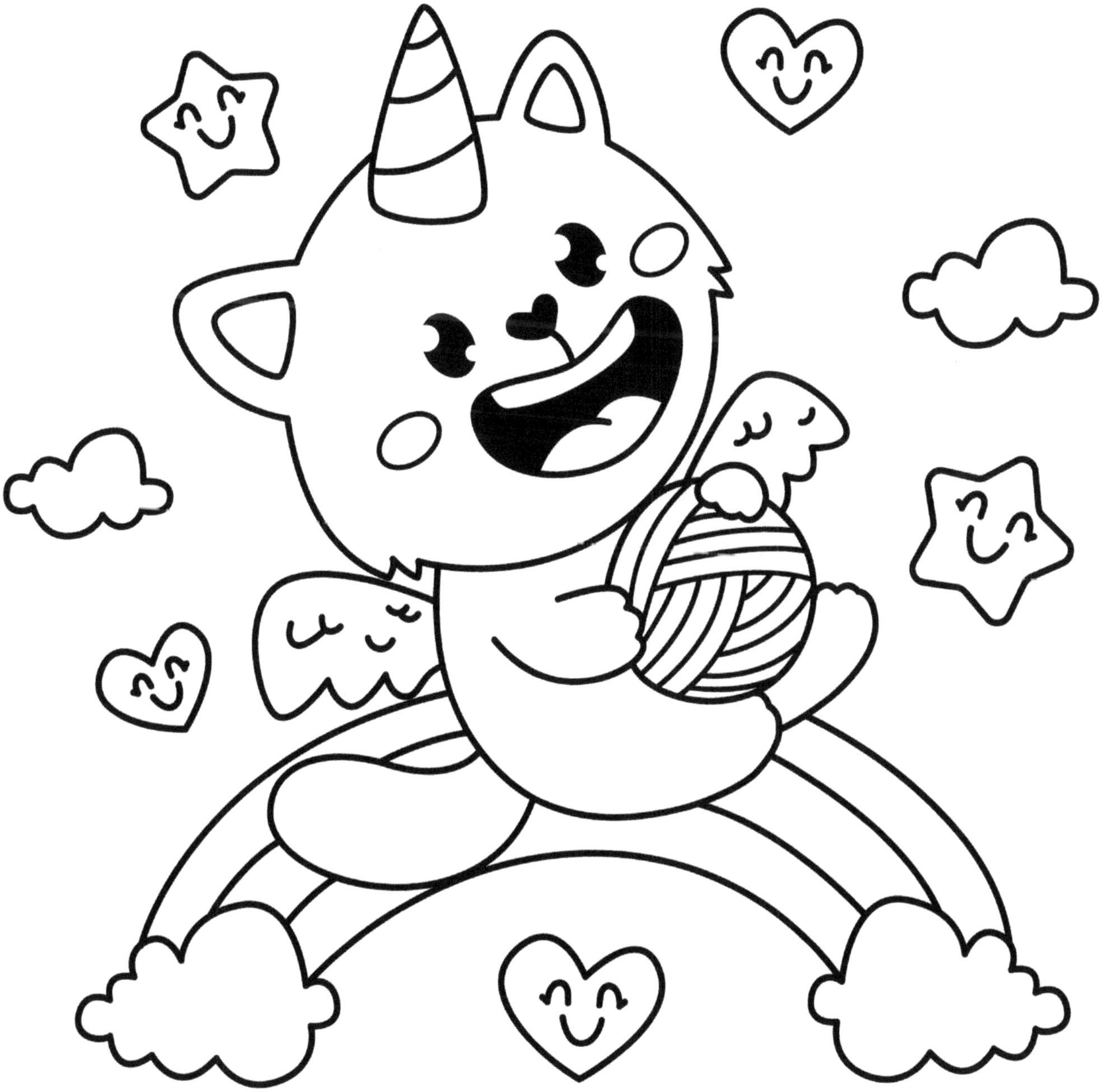

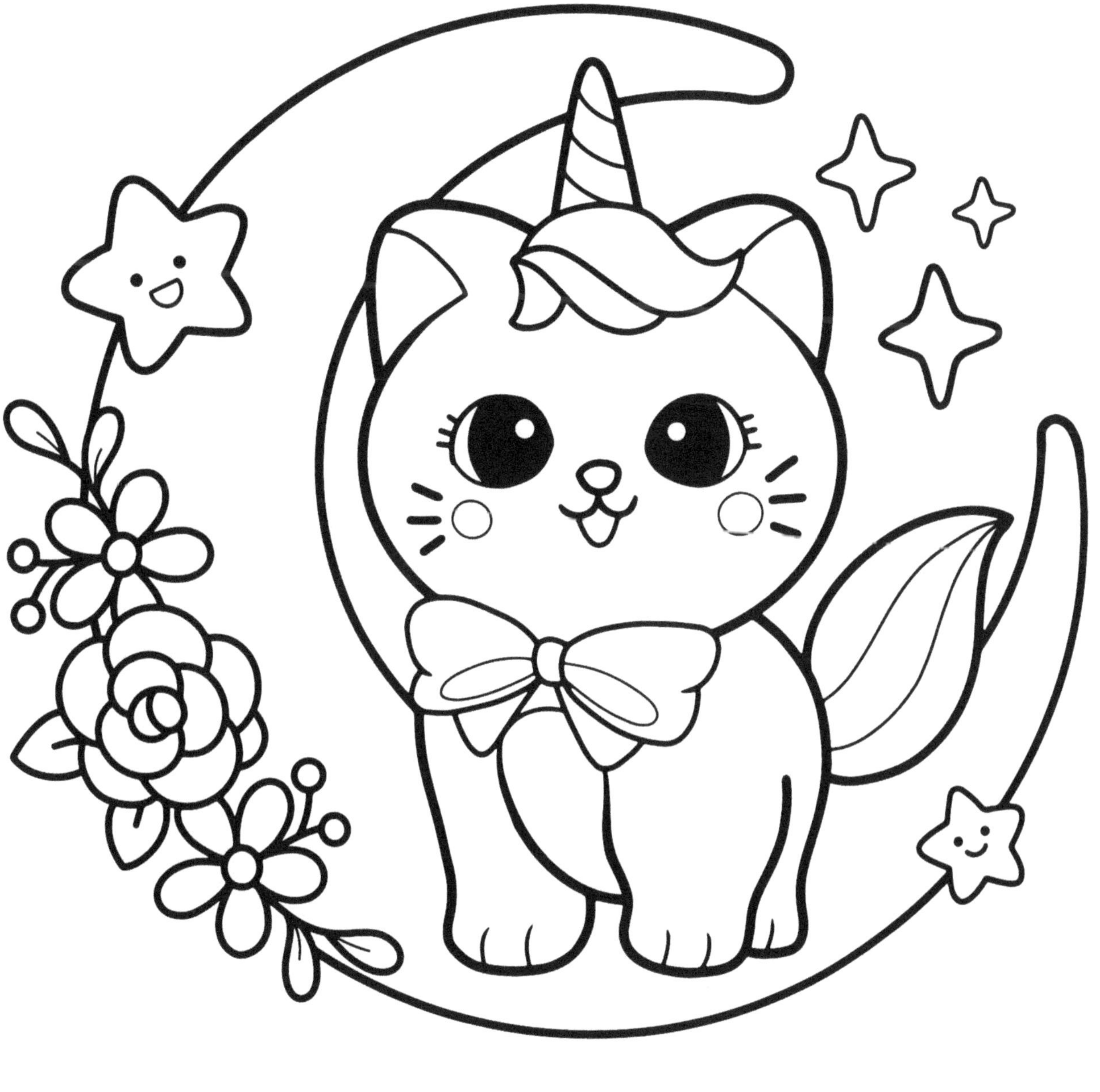

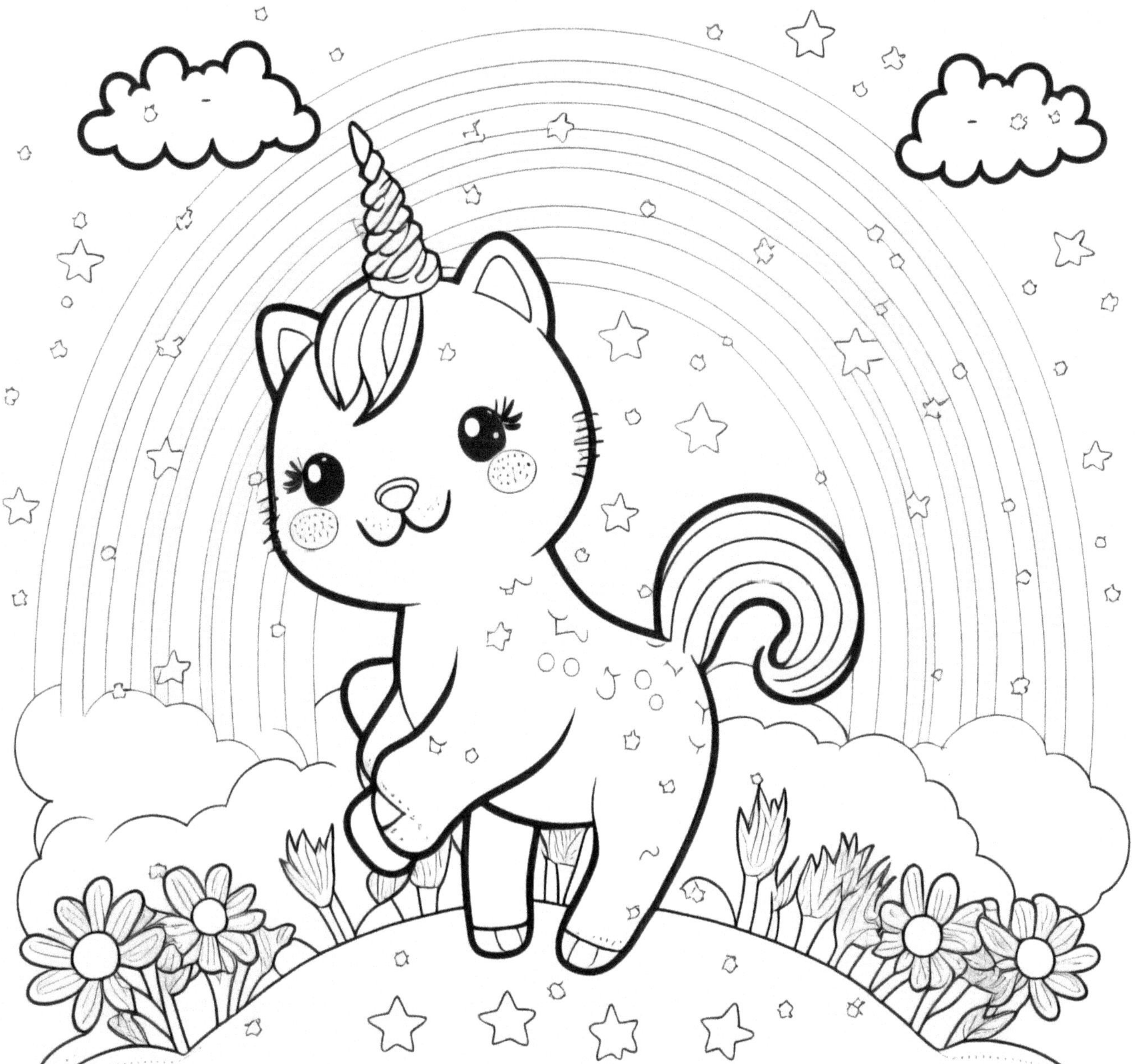

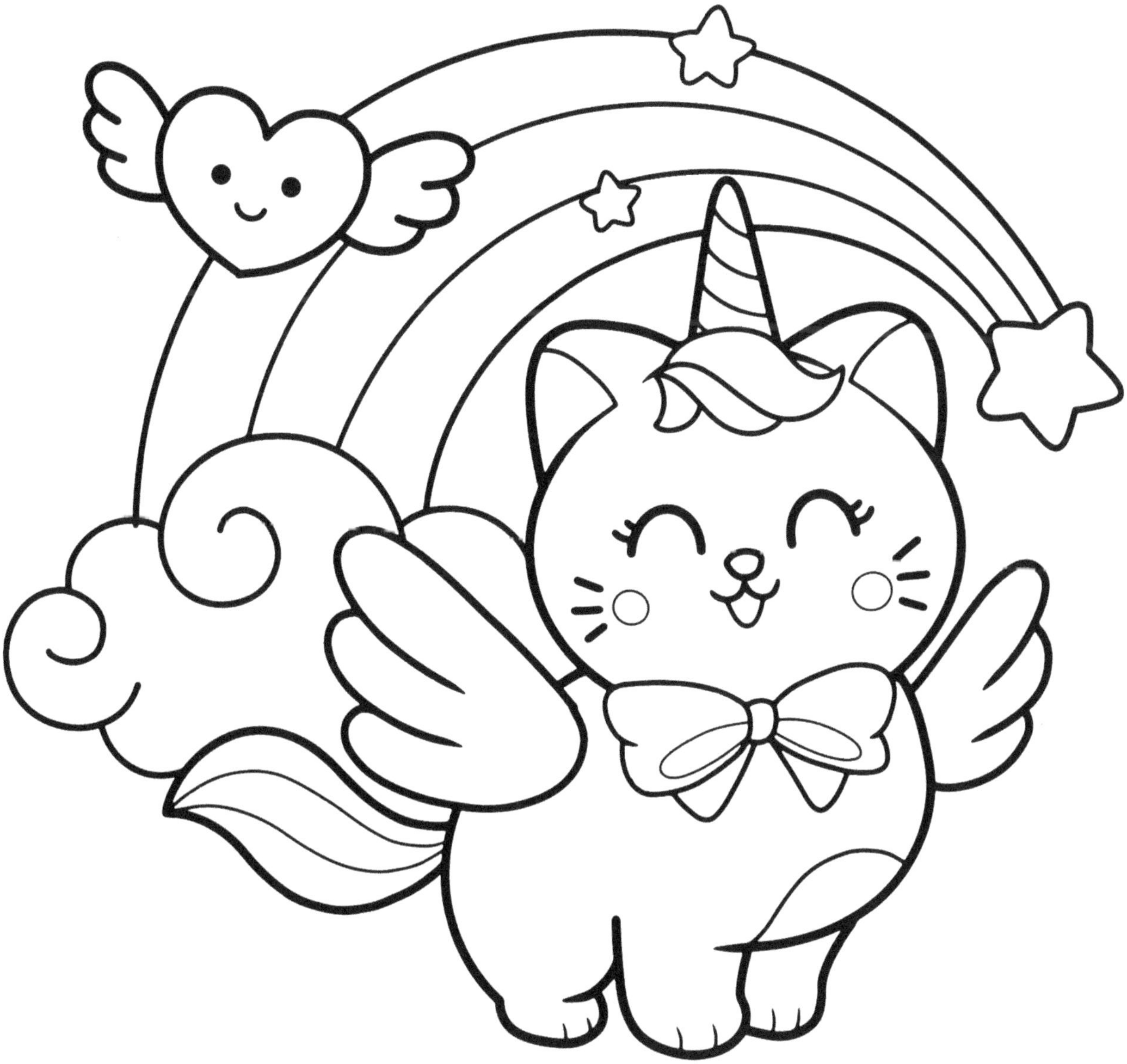

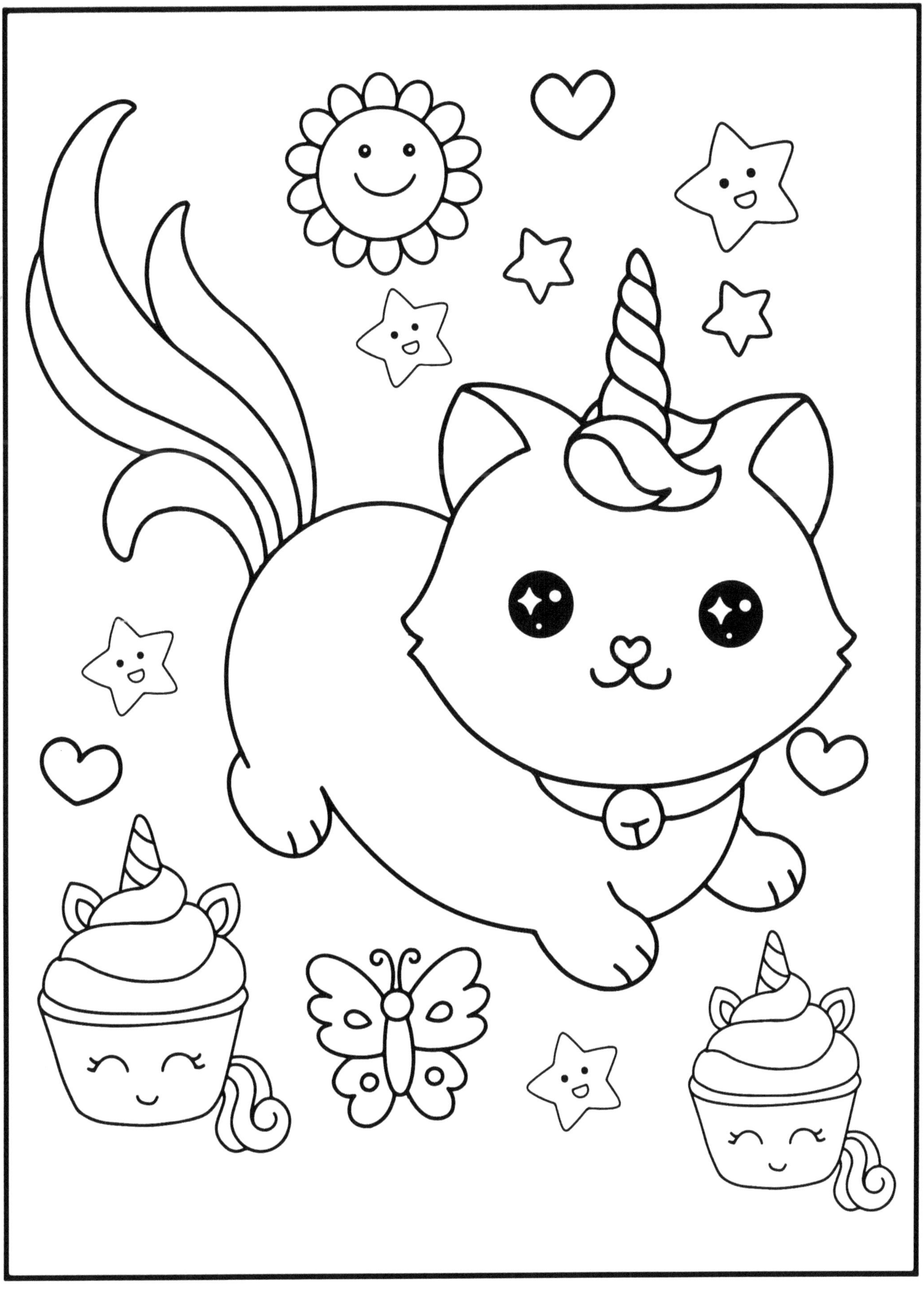

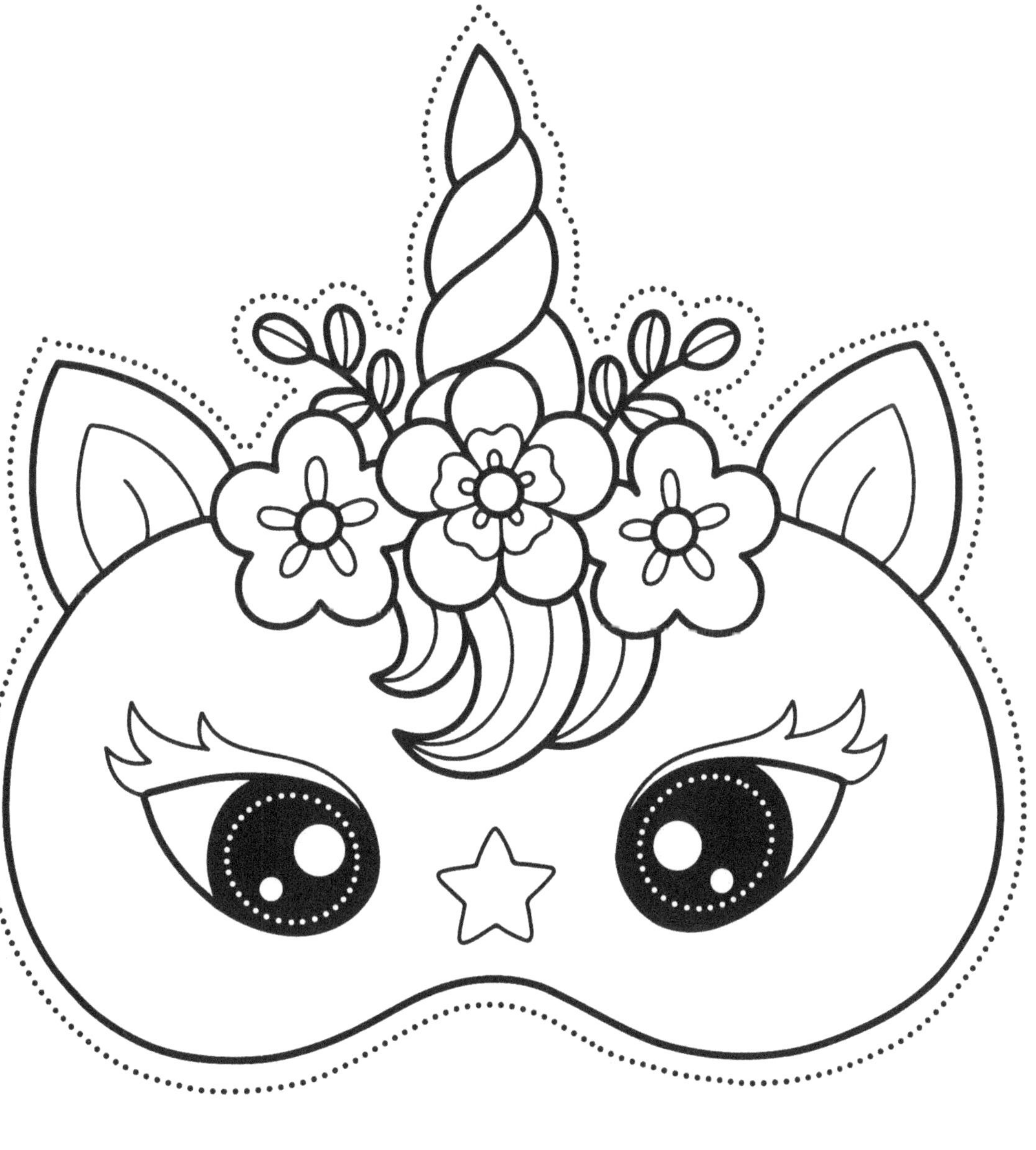

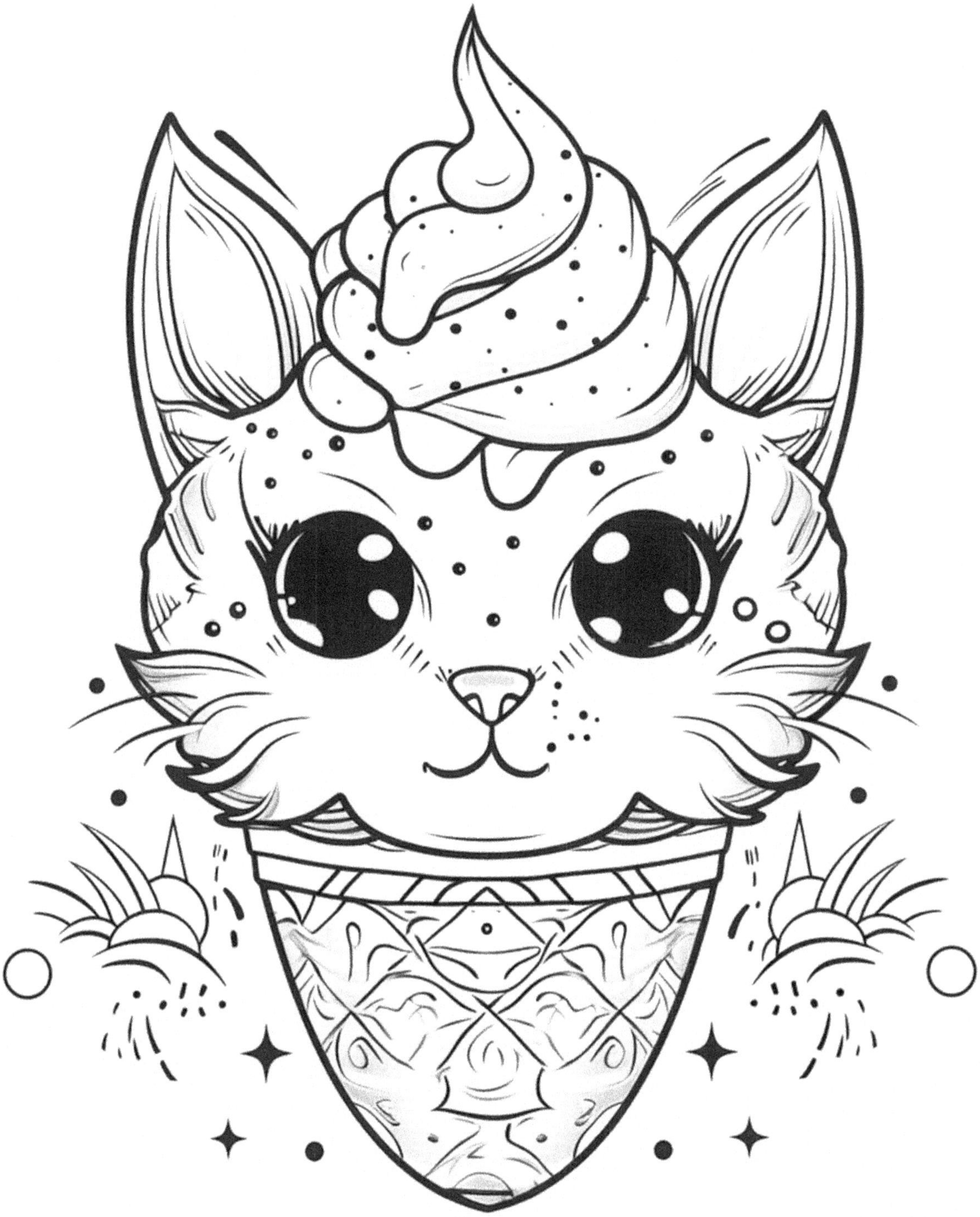

Milton Keynes UK
Ingram Content Group UK Ltd.
UKHW051603260724
446010UK00019B/102